Detlef Jahn

Vergleichende Politikwissenschaft

Elemente der Politik

Herausgeber:

Hans-Georg Ehrhart
(Institut für Friedensforschung und Sicherheitspolitik
an der Universität Hamburg, IFSH)

Bernhard Frevel
(Fachhochschule für öffentliche Verwaltung NRW, Münster)

Klaus Schubert
(Institut für Politikwissenschaft, Westfälische Wilhelms-Universität Münster)

Suzanne S. Schüttemeyer
(Institut für Politikwissenschaft, Martin-Luther-Universität Halle-Wittenberg)

Die ELEMENTE DER POLITIK sind eine politikwissenschaftliche Lehrbuchreihe. Ausgewiesene Expertinnen und Experten informieren über wichtige Themen und Grundbegriffe der Politikwissenschaft und stellen sie auf knappem Raum fundiert und verständlich dar. Die einzelnen Titel der ELEMENTE dienen somit Studierenden und Lehrenden der Politikwissenschaft und benachbarter Fächer als Einführung und erste Orientierung zum Gebrauch in Seminaren und Vorlesungen, bieten aber auch politisch Interessierten einen soliden Überblick zum Thema.

Detlef Jahn

Vergleichende Politikwissenschaft

Bibliografische Information der Deutschen Nationalbibliothek
Die Deutsche Nationalbibliothek verzeichnet diese Publikation in der Deutschen
Nationalbibliografie; detaillierte bibliografische Daten sind im Internet über
<http://dnb.d-nb.de> abrufbar.

1. Auflage 2011

Alle Rechte vorbehalten
© VS Verlag für Sozialwissenschaften | Springer Fachmedien Wiesbaden GmbH 2011

Lektorat: Frank Schindler / Verena Metzger

VS Verlag für Sozialwissenschaften ist eine Marke von Springer Fachmedien.
Springer Fachmedien ist Teil der Fachverlagsgruppe Springer Science+Business Media.
www.vs-verlag.de

Das Werk einschließlich aller seiner Teile ist urheberrechtlich
geschützt. Jede Verwertung außerhalb der engen Grenzen des Urheberrechtsgesetzes ist ohne Zustimmung des Verlags unzulässig und
strafbar. Das gilt insbesondere für Vervielfältigungen, Übersetzungen, Mikroverfilmungen und die Einspeicherung und Verarbeitung in
elektronischen Systemen.

Die Wiedergabe von Gebrauchsnamen, Handelsnamen, Warenbezeichnungen usw. in
diesem Werk berechtigt auch ohne besondere Kennzeichnung nicht zu der Annahme,
dass solche Namen im Sinne der Warenzeichen- und Markenschutz-Gesetzgebung als
frei zu betrachten wären und daher von jedermann benutzt werden dürften.

Umschlaggestaltung: KünkelLopka Medienentwicklung, Heidelberg
Druck und buchbinderische Verarbeitung: Ten Brink, Meppel
Gedruckt auf säurefreiem und chlorfrei gebleichtem Papier
Printed in the Netherlands

ISBN 978-3-531-15209-7

Inhaltsverzeichnis

Vorwort 7

1 Sichtweisen in der vergleichenden Politikwissenschaft 13
   1.1 Strukturalistische Perspektive 20
   1.2 Kulturalistische Perspektive 28
   1.3 Rationalistische Perspektive 33
   1.4 Integration von theoretischen Strömungen 40

2 Warum vergleichen? 43
   2.1 Vergleich und vergleichende Methode 43
   2.2 Die vergleichende Methode als wissenschaftliche Methode 44
   2.3 Wissenschaftliches Erkenntnisinteresse 48
   2.4 Vergleich als Methode 52

3 Was vergleichen? 57
   3.1 Vergleichbarkeit 57
   3.2 Vergleichsmechanismen 62
   3.3 Gegenstandsbereiche 70

4 Wie vergleichen? 75
   4.1 Vergleichende Forschungsdesigns 75
   4.2 Fallauswahl und Selection Bias 86
   4.3 Analysestrategien 91

5 Zukunft der vergleichenden Politikwissenschaft 109
   5.1 Methoden und Modelle 110
   5.2 Globalisierung und vergleichende Methode 111

Verwendete Literatur 115

Vorwort

Diese kurze Einführung in die vergleichende Politikwissenschaft richtet sich an jene, die an der sozialwissenschaftlichen Analyse politischer Prozesse interessiert sind. Insbesondere soll sie jenen Orientierung geben, die sich mit dem Gedanken tragen, ein Studium der Politikwissenschaft aufzunehmen. Diese Einführung ist jedoch auch für interessierte Laien geeignet, sowie vor allem als Studienbegleiter in B.A.-Studiengängen.

Dabei möchte diese Einführung sich deutlich von einer zeitgeschichtlichen Perspektive distanzieren und aufzeigen, dass moderne Politikwissenschaft ein wissenschaftliches Instrumentarium anbietet, welches weit über zeitgeschichtliche Interpretationen von aktuellen Ereignissen hinausreicht.

Natürlich verlangt die Erfassung eines so vielseitigen Bereichs der Politikwissenschaft in einem kurzen Lehrbuch die Konzentration auf das Allerwesentlichste. Vor allem der Bezug auf die Gegenstandsbereiche wird hier nur sehr kursiv und exemplarisch angesprochen und auch die wesentlichen Methoden werden nur in ihrer Grundlogik dargestellt. Eine intensivere Beschäftigung mit konkreten Phänomenen und Methoden verlangt ein weitaus intensiveres Studium der entsprechenden Literatur. Die kommentierten Literaturhinweise nach jedem Kapitel sowie ein erst kürzlich vom Autor verfasstes umfangreicheres Lehrbuch (Jahn 2006a) können dabei hilfreich sein.

Ganz herzlich möchte ich mich bei meinem Team in Greifswald bedanken, das mir hilfreiche Anregungen gab und beim Verfassen des Manuskripts behilflich war. Namentlich sind dies Konstantin Baltz, Kati Kuitto, Lena Masch, Christoph Oberst, Steffi Krohn, Martina Eberhardt und Kristof Lintz sowie die ehemaligen Lehrstuhlmitarbeiterinnen Susanne Pickel, Stefanie Korte und Esther Seha.

Greifswald, im Sommer 2010

Einleitung

> „Die Lehre von „comparative government"
> ist der Königsweg der Politikwissenschaft. ... wegen der ihr eigentümlichen und universellen Methode des sozialwissenschaftlichen
> Vergleichs ..." (Massing 1970: 286).

Die vergleichende Politikwissenschaft gehört zu den Kernbereichen der politikwissenschaftlichen Ausbildung (als allgemeine Einführung in die Politikwissenschaft siehe: Bernauer u.a. 2009). Abweichend von den anderen Bereichen der Politikwissenschaft definiert sich die vergleichende Politikwissenschaft nicht vornehmlich durch einen Gegenstandsbereich, sondern durch die Anwendung der vergleichenden Methode (Jahn 2007). Im Fokus der vergleichenden Politikwissenschaft steht also nicht *was* untersucht wird, sondern *wie* es untersucht wird.

Durch den Bezug auf die vergleichende Methode zielt die Arbeit im Bereich der vergleichenden Politikwissenschaft auf *Erklärung*. Durch einen systematischen Vergleich kann eingeschätzt werden, inwieweit die gewonnenen Erkenntnisse Gültigkeit besitzen. Die vergleichende Methode kontrolliert in diesem Sinne, ob die getroffenen Aussagen zutreffen (Sartori 1991). Damit gilt der Bereich der vergleichenden Politikwissenschaft als jener, der dem sozialwissenschaftlichen Strang der Politikwissenschaft am stärksten zuneigt.

Die Elemente einer Untersuchung im Bereich der vergleichenden Politikwissenschaft sind weit gefächert und komplex. Es fallen nicht nur höchst verschiedene Aspekte in den Bereich der vergleichenden Politikwissenschaft, die durch entsprechenden Theoriebezug behandelt werden müssen, sondern es bedarf auch des Studiums von methodologischen Aspekten, die von der Logik des Vergleichs weniger Fälle bis hin zu statistischen Verfahren der Datenanalyse reichen.

Auch wenn diese Vielfalt und Komplexität zu Beginn des Studiums Unbehagen verursachen, sollte sich der Studienanfänger nicht davon einschüchtern lassen, sondern vielmehr die Herausforderung eines facettenreichen Bereichs der Politikwissenschaft annehmen. Denn der Reiz der logischen Erschließung von Wissen gehört zu den spannendsten Aspekten geistiger Tätigkeit. Fällt dieser mit hochinteressanten und unvorhergesehenen Ereignissen zusammen, wie dies im Bereich der ländervergleichenden Politikwissenschaft der Fall ist, kann eine Begeisterung für den Bereich der vergleichenden Politikwissenschaft kaum ausbleiben.

Betrachtet man die Genese der vergleichenden Politikwissenschaft, so kann auf die Arbeiten von Aristoteles verwiesen werden, der in seinen Arbeiten die 158 Stadtstaaten seiner Zeit verglichen hat. Weitere wesentliche Meilensteine der vergleichenden Politikwissenschaft ließen jedoch bis zum 16. Jahrhundert auf sich warten. Besonders hervorzuheben sind die Arbeiten von Machiavelli (1469-1517) und Tocqueville (1805-1859), die ihre Heimatländer Italien bzw. Frankreich mit dem Zustand in anderen Ländern verglichen (Spanien bzw. USA), wo sie eine positivere bzw. Fortsetzung der Entwicklung des eigenen Landes vermuteten. Montesquieu (1689-1755) dagegen konzentrierte sich stärker auf analytische Aspekte und legte ein Konzept vor, wie eine Regierungsform durch eine Gewaltenteilung organisiert werden kann, ohne dabei auf einen despotischen Herrscher oder Gott Bezug nehmen zu müssen.

John Stuart Mill (1806-1873) begründete mit seinen Reflexionen zur vergleichenden Methode das sozialwissenschaftliche Fundament der vergleichenden Politikwissenschaft; Max Weber (1864-1920) und Karl Marx (1818-1883) stellten Interpretationsschemata für die gesellschaftspolitische Entwicklung zur Verfügung, die oftmals auf Ländervergleichen basierten.

In vielen Ländern, so auch in Deutschland, stellte die Politikwissenschaft lange Zeit eine Subdisziplin einer legalistischen, staatswissenschaftlichen, zeitgeschichtlichen und zum Teil auch der politischen Pädagogik dar. Erst in den 1960er Jahren setzte sich zunächst in den USA und später dann auch in anderen Ländern die Auffassung durch, dass die Politikwissenschaft eine sozialwissenschaftlich ausgerichtete Disziplin ist. Zwar besitzt die Politikwissenschaft zwei epistemologische (erkenntnistheoretische) Herzen: eines, das der normativen politischen Philosophie angehört und eines, das der positivistischen Sozialwissenschaft zuneigt (Mayer 1989: Kapitel 2). Dabei steht die Subdisziplin vergleichende Politikwissenschaft von allen politikwissenschaftlichen Subdisziplinen am deutlichsten auf der sozialwissenschaftlichen Seite. Diese Positionierung hat Konsequenzen. Mehr als andere Subdisziplinen machte die vergleichende Politikwissenschaft eine Rejustierung ihrer Ausrichtung und ihrer Vorgehensweise durch. Roy Macridis (1955) pointierte diese Umorientierung vor allem durch die folgenden Forderungen an die vergleichende Politikwissenschaft:

a. deskriptive Studien sollen durch analytische ersetzt werden,
b. formalistische und legalistische Betrachtungsweisen sollen durch die Analyse von informellen und dynamischen Aspekten ergänzt werden,
c. wirklich vergleichende Studien sollen Fall- und Länderstudien ersetzen,
d. anekdotische Studien sollten durch systematische abgelöst werden.

Diese Forderungen sind auch heute noch wesentlicher Bestandteil einer sozialwissenschaftlich ausgerichteten vergleichenden Politikwissenschaft, deren Grundzüge in diesem Lehrbuch dargelegt werden.

Die vorliegende Einführung führt auf knappem Raum in die Theorien, Logik und Methoden der vergleichenden Politikwissenschaft ein. Dabei werden die fast nicht überschaubaren Gegenstandsbereiche nur kurz berührt (siehe 3.3.). Der Inhalt dieses Bandes ist unter dem Aspekt gegliedert, dass die vergleichende Politikwissenschaft sich durch die Anwendung der vergleichenden Methode definiert. Zunächst werden die theoretischen Ansätze in der vergleichenden Politikwissenschaft dargestellt. Danach werden die Fragen Warum, Was und Wie vergleichen behandelt. Abgeschlossen wird der Band mit einem kurzen Ausblick auf die Zukunft der vergleichenden Politikwissenschaft.

1 Sichtweisen in der vergleichenden Politikwissenschaft

Wie soll man sich einem Phänomen in der vergleichenden Politikwissenschaft annähern? An sich unterscheidet sich das Vorgehen nicht wesentlich von anderen sozialwissenschaftlichen Gebieten. Allerdings spielt ein systematisches Untersuchungsdesign in der vergleichenden Politikwissenschaft eine wesentliche Rolle, da nur dadurch das Analysepotenzial der vergleichenden Methode genutzt werden kann.

Der erste Schritt eines Untersuchungsvorhabens (was durchaus sowohl Hausarbeiten, Abschlussarbeiten als auch Referate betrifft) besteht in der Formulierung einer *Forschungsfrage*. Die Festlegung auf eine Forschungsfrage bestimmt den Fokus der Studie und grenzt wesentliche Aspekte gegenüber unwesentlichen ab. Forschungsfragen müssen vor allem zwei Anforderungen genügen. Zum einen müssen sie eine gewisse Relevanz in der realen Welt besitzen und zum anderen müssen sie an die Fachliteratur anschließen. Gerade der zweite Aspekt macht die Güte einer wissenschaftlichen Arbeit aus. Hier sind wiederum zwei wesentliche Punkte zu beachten. Einerseits sollte die inhaltliche Fachdiskussion zu einem Untersuchungsgebiet aufgearbeitet werden. Es sollte ein Überblick über die bisherigen Ergebnisse zur Forschungsfrage gegeben werden, sowie Anhaltspunkte, wie diese Ergebnisse erreicht wurden (Methoden, Fallauswahl, theoretischer Bezug). Innerhalb des ermittelten Forschungsstandes muss dann bestimmt werden, was die eigene Arbeit auszeichnet. Welche neuen und/ oder spezifischen Aussagen werden in der eigenen Arbeit erbracht? Können Ergebnisse aus anderen Bereichen (z.B. sozialdemokratische Regierungen verhindern Arbeitslosigkeit) auf den neuen Bereich übertragen werden (z.B. der Einfluss von Umweltparteien auf die Arbeitslosigkeit oder der Einfluss sozialdemokratischer Parteien bei der Verhinderung von Umweltverschmutzungen)? Neben der Beherrschung der inhaltlichen wissenschaftlichen Debatte (Forschungsstand) muss jedoch andererseits ein theoretischer Ansatz für die Untersuchung bestimmt werden.

Theorien sind für den Untersuchungsprozess sehr wichtig, weil sie analytische Gedanken zu einem Gebiet in einem kohärenten, widerspruchsfreien Argumentationsgebäude zusammentragen. Theorien sind oftmals über Dekaden hinweg von zahlreichen Wissenschaftlern entwickelt worden und sind somit *ad hoc* Erklärungen weit überlegen. Theorien geben Anleitungen über Kausalzusammenhänge und betonen, welche Aspekte in einer Untersuchung besonders relevant sind.

Theorien sind abstrakte Erklärungsmodelle, da sie nicht für die Lösung konkreter Fragen entwickelt wurden, sondern in möglichst vielen Bereichen Anwendung finden sollen. Allerdings unterscheiden sich Theorien in ihrem Abstraktionsniveau. Es existieren Theorien, die eine Gültigkeit für alle politischen Systeme beanspruchen (Systemtheorie, funktionalistische und rationalistische Theorien, Marxismus etc.) oder Theorien, die sich auf inhaltliche Teilbereiche (Parteien, Verbände, Wahlen etc.) oder Regionen (Europa, Lateinamerika, Afrika etc.) und Gesellschaftstypen (Industriegesellschaften, Entwicklungsländer) spezialisiert haben. Theorien, die sich auf einen Bereich beziehen, nennt man *Theorien mittlerer Reichweite*. In Untersuchungen sollte im Allgemeinen immer die abstraktere, d.h. weiterreichende Theorie gewählt werden, wenn zwischen Theorien gewählt werden kann, weil dadurch der Geltungsbereich einer Studie größer ist.

Alle Theorien müssen jedoch für die eigene Untersuchung übersetzt werden. Dies geschieht durch die Bildung von untersuchungsspezifischen Hypothesen, die Definition wesentlicher Begriffe und die Operationalisierung von Konzepten (Jahn 2011).

Theorien stehen allerdings auch in Konkurrenz zueinander und es kommt nicht selten vor, dass Theorie A die Betonung auf eine Reihe von Aspekten legt, die Theorie B als weniger relevant betrachtet und umgekehrt. In einer solchen Situation kann die Aussagekraft beider Theorien geprüft werden oder beide Theorien können in einem neuen Konzept zusammengefasst werden. Im zweiten Fall entsteht jedoch das Problem, dass dann die Kohärenz und Widerspruchsfreiheit eines theoretischen Rahmens leiden kann. Da Theorien meistens hochkomplexe Gedankengebäude darstellen, die sich auf eigene Traditionen berufen können, bedeutet es oftmals einen sehr hohen Arbeitsaufwand, mehrere Theorien zu kombinieren.

Um den Einstieg in diesen Themenkomplex zu ermöglichen, sollen zunächst einmal die Schwerpunkte wesentlicher theoretischer Perspektiven dargestellt werden. Dabei beziehe ich mich auf die Einteilung von Theorien als strukturalistisch, kulturalistisch und rationalistisch (Lichbach/Zuckerman 1997; 2009). Abbildung 1-1 fasst diese theoretischen Perspektiven und ihre Schwerpunktsetzungen zusammen.

Abbildung 1-1: Theorieansätze der vergleichenden Politikwissenschaft

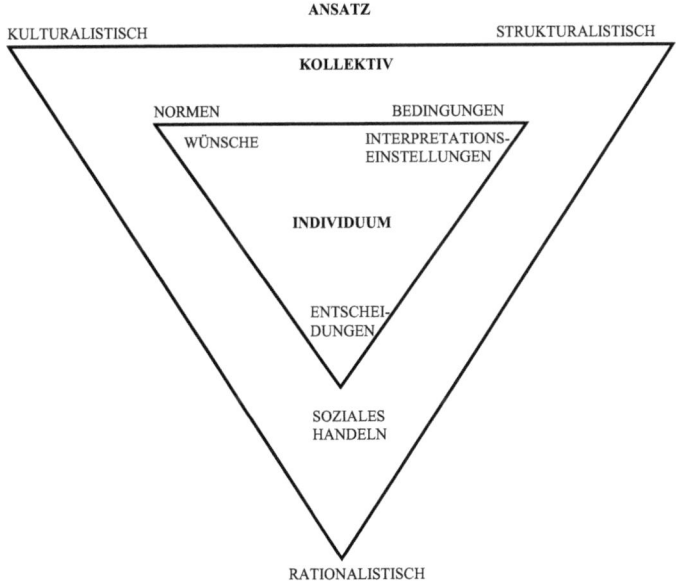

Quelle: Lichbach 1997: 262, eigene Übersetzung.

Der Analysefokus dieser drei Ansätze liegt auf Normen (kulturalistische Ansätze), Bedingungen (strukturalistische Ansätze) sowie sozialem Verhalten (rationalistische Ansätze). Die *Ontologie* (Lehre des Seins) der Analysen ist entweder durch gesellschaftspolitische Beziehungen (Regeln und Normen) oder Begründungen bestimmt. Als wesentliche Faktoren (Variablen) für die Erklärung politischer Phänomene gelten sodann Institutionen, Identitäten und Interessen. Die zugrunde liegenden Theorien sozialer Ordnung basieren auf dem Prinzip von Symbolen (gemeinsamen Werten), Strukturen (Hierarchien, Klassen) oder Strategien (rationale Entscheidungen). Aus den Elementen zur Erklärung sozialer Ordnungen lassen sich die Prinzipien vom sozialen Wandel ableiten. In der kulturalistischen Perspektive wird das Spannungsfeld zwischen institutionalisierten Regeln und neuen Wünschen problematisiert, die zu Dysfunktionen von Institutionen und somit zu sozialem Wandel führen können. In der strukturalistischen Perspektive verändern dynamische Prozesse die sozialstrukturellen Bedingungen und entfremden die davon abhängenden Interpretationseinstellungen von den strukturellen Kontexten. Schließlich betrachten rationalistische Theorien die Reaktion von Individuen auf nicht-intendierte Folgen rationalen Handelns, die dann zu neuen Entscheidungsgrundlagen führen.

Die Zuweisung der Theorien in eine der oben genannten Traditionen schließt die Betrachtung ein, ob kollektives politisches Handeln sich von Strukturen, Werten und Kulturtraditionen ableiten lässt oder ob es eher direkt durch Akteure beeinflusst werden kann. Die Dichotomie zwischen Struktur- und Akteursbezug lässt sich anhand der Analyseebene erfassen, die einmal in der Makro- und zum anderen in der Mikroebene besteht. Makroebenentheorien gehen von gesamtgesellschaftlichen Elementen aus, während Mikroebenentheorien den Einzelnen als Ausgangspunkt der Analyse betrachten. Die Unterscheidung von Makro- und Mikrotheorien beinhaltet unter anderem auch eine Spiegelung eines der ungelösten und am heftigsten debattierten Auffassungsgegensätze in den gesamten Sozialwissenschaften. Sind soziale und politische Tatbestände hauptsächlich durch strukturelle oder handlungsorientierte Aspekte zu erklären? Makroanalytische Theorien betonen strukturelle Erklärungsansätze (*structure*), während mikroanalytische sich auf verhaltensorientierte Erklärungsmodelle und die Rolle von Akteuren (*agency*) beziehen. Viele kulturalistische Ansätze versuchen beide Aspekte zu verknüpfen, indem sie das Zusammenspiel von Traditionsbeständen mit Verhaltenstheorien verbinden. Ähnlich wie andere Theorien des *methodologischen Individualismus* (Erklärung sozialen Handelns durch beteiligte Personen) gehen sie davon aus, dass Makrophänomene einer Mikrofundierung bedürfen. Dabei bildet in dieser Ansicht die Mikroebene die Analyseebene und die Makroebene die Erklärungsebene, was bei dieser Art von Studien zu Fehlschlüssen führen kann. In der klassischen Studie zu diesem Thema stellte sich heraus, dass in Bezirken der USA (Aggregatebene) mit einem hohen Ausländeranteil die englische Lesefähigkeit besser war als in Bezirken mit weniger Ausländern (Robinson 1950). Daraus jedoch zu schließen, dass Ausländer (individuelle Ebene) besser die englische Sprache beherrschen als Einheimische wäre ein „ökologischer Fehlschluss". In Robinsons Untersuchung ergab sich lediglich der Tatbestand, dass Immigranten es vorzogen, in solche Gebiete der USA zu ziehen, die eine höhere Lese- und Schreibfähigkeit im Englischen aufwiesen als andere, weil diese Gebiete wohlhabender waren und sich die Immigranten dadurch bessere Beschäftigungsmöglichkeiten versprachen. Für die *cross-level analysis* vom Aggregat auf die individuelle Ebene sind in den vergangenen Jahren statistische Lösungsvorschläge angeboten worden, die solche Untersuchungen beachten sollten (King 1997).

Die Mikrofundierung einer Theorie bedeutet jedoch auch, „... dass der Zusammenhang auf der Makroebene nur auf dem „Umweg" über die handelnden Individuen erklärt werden kann" (Pappi 2003: 82). Dies kann anhand einer klassischen Studie, die die internalisierten religiösen Werte als Grundlage für die Erklärung des Aufkommens des Kapitalismus nutzt, illustriert werden (Weber 2000; zuerst 1905). Darin wird das Aufkommen des kapitalistischen Wirtschaftssystems durch die protestantische Ethik, als dem Geist des Kapitalismus entsprechend erklärt. Das makrotheoretische „Gesetz", welches für Weber im Mittelpunkt seines Interesses stand, stellte die Verbindung zwischen dem Aufkommen der Doktrin der protestantischen Religion und dem Entstehen des Kapitalismus dar. Dieser Zusammenhang konnte nicht direkt auf der Makroebene erfasst werden. Vielmehr ging Weber den „Umweg" über die Mikroebene, indem er für einen relevanten Teil der Akteure einen Wertewandel feststellte (innerweltliche Askese). Diese Einstellung hatte dann wiederum Einfluss auf das Verhalten. Im ökonomischen Bereich führte es zu einer „protestantischen Arbeitsethik", die in einem prinzipiell grenzenlosen Arbeitsverhalten bestand. In aggregierter Form, wenn also ein Großteil der Bevölkerung dieses Verhalten annimmt, führt dieses ökonomische Verhalten zu einem Wandel der Gesellschaftsordnung von einer traditionalen (Subsistenzwirtschaft) zu einer kapitalistischen Gesellschaft. Weber sieht somit im Bestreben der Menschen nach innerweltlichem Erfolg, welches im Protestantismus als ein Zeichen gilt, von Gott ausgewählt zu sein, den Grundstein des kapitalistischen Wirtschaftshandelns. Nur durch dieses Anreizsystem war es möglich, Menschen dazu zu bewegen, mehr zu arbeiten als für die Sicherung des Lebensunterhalts notwendig war. Diese Arbeitsmotivation war wiederum für das Funktionieren eines kapitalistischen Systems grundlegend. Anhand dieser Studie kann das Makro-Mikro-Makro-Modell mikrotheoretischer Analysen dargestellt werden.

Abbildung 1-2: Das Makro-Mikro-Makro-Modell

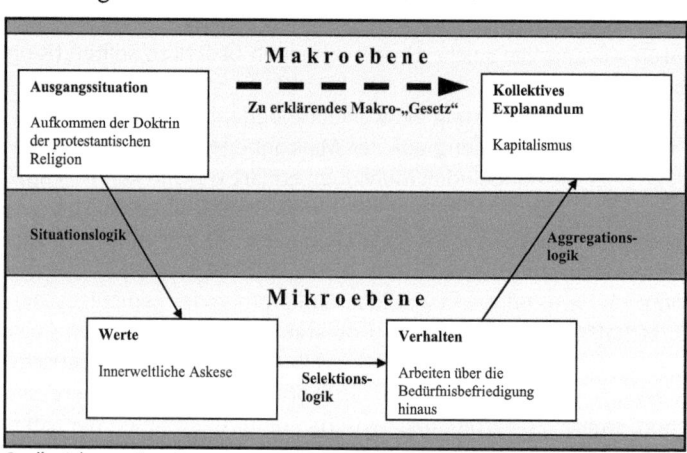

Quelle: Jahn 2006a: 264.

Für die Interpretation der gesellschaftlichen Entwicklung ist in Webers Analysen der nicht-intendierte Aspekt individuellen Handelns wesentlich. Die primären Motivationsgründe (innerweltliche Askese) geraten im historischen Verlauf in Vergessenheit, und es wird ein Verhalten (übermäßiges Arbeiten) internalisiert, welches unhinterfragt praktiziert wird. Damit macht er auf die Dynamik, aber auch auf die Absurdität scheinbar rationalen Handelns aufmerksam.

Während Max Webers Gesellschaftsanalysen auf einer verhaltenstheoretischen Perspektive aufbauen, sehen strukturalistische Ansätze nicht das Individuum als Akteur. Die Arbeiten von Karl Marx können hierzu exemplarisch als Illustration dienen. Er ging davon aus, dass die Produktionsweise einer Gesellschaft die Herrschaftsverhältnisse bestimmt. Veränderungen in der Produktionsweise führen folglich auch zu einer Veränderung der Herrschaftsverhältnisse und beeinflussen die Wahrnehmung der gesellschaftlichen Entwicklung. Die „Akteure", die den sozialen Wandel umsetzen, sind soziale Klassen, die durch ihre Position im Produktionsprozess konstituiert werden. Der strukturanalytische Erklärungsansatz wird von Marx (1961: 9) im Vorwort „Zur Kritik der Politischen Ökonomie" in der prägnanten Aussage zusammengefasst: „Es ist nicht das Bewußtsein der Menschen, das ihr Sein, sondern umgekehrt ihr gesellschaftliches Sein, das ihr Bewußtsein bestimmt."

Rationalistische Theorien stammen vor allem aus wirtschaftswissenschaftlichen Studien. Adam Smith hat beispielsweise gezeigt, wie Individuen ihre Interessen am besten unter den gegebenen Bedingungen erfüllen können. Vilfredo Pareto stellte Entscheidungsmodelle vor, welche die individuellen Präferenzen schützen können. Auf dieser Grundlage entwickelte er Konzepte zu Präferenzintensitäten (Indifferenzkurve, über deren Bereich eine Veränderung des *status quo* als wünschenswert gilt) und zu einem Zustand, in dem Präferenzoptimierungen Einzelner ohne Präferenzeinbußen anderer entstehen können (Pareto-optimal). Auch die Arbeiten Max Webers zu verschiedenen Handlungs- und Herrschaftstypen legen – wie oben schon dargelegt – einen wesentlichen Aspekt auf Rationalitätskriterien. Das wesentliche Moment klassischer rationalistischer Konzepte besteht in dem Zusammenspiel von individuell rationalem Verhalten und kollektiven Irrationalitäten. Die Auflösung dieses Problems steht bis heute im Mittelpunkt der Forschung rationalistischer Theorien. Tabelle 1-1 fasst die wichtigsten analytischen Charakteristika der drei theoretischen Strömungen zusammen.

Tabelle 1-1: Schwerpunktlegungen verschiedener theoretischer Ansätze in der vergleichenden Politikwissenschaft

	Strukturalistisch	Kulturalistisch	Rationalistisch
Prinzip sozialer Ordnung	Strukturen	Symbole	Strategien
Ontologie	Gesellschaftliche Bedingungen	Regeln und Normen	Begründungen
Analyseperspektive	Struktur bestimmt das Verhalten	Akteur	Akteur
Analysefokus	Kontext und Beziehungen	Kultur	Entscheidungen
Variablen	Institutionen	Identitäten	Interessen
Wesentliche politikwissenschaftliche Ansätze	System- und Regimeanalyse	Politische Kultur	Rational Choice

Quelle: In Anlehnung an Lichbach 1997: 245.

Im Folgenden werden die wesentlichen Aspekten dieser drei Perspektiven anhand von einigen, für den Bereich der vergleichenden Politikwissenschaft besonders relevanten Beispielen näher dargestellt.

1.1 Strukturalistische Perspektive

Strukturalistische Ansätze stehen im Fokus der ländervergleichenden politikwissenschaftlichen Analyse, da durch den unmittelbaren Bezug auf Staaten als Analyseeinheit die Wirksamkeit von Staatsstrukturen direkt erfasst wird. Anders als Ansätze, die auf individuellem Verhalten aufbauen und einen Systemvergleich anhand von

Kontextvariablen durchführen können, ergibt sich der Ländervergleich im strukturalistischen Ansatz unmittelbar, sodass das Problem des *individualistischen Fehlschlusses* (wenn von Zusammenhängen auf der individuellen Ebene auf Zusammenhänge auf der Makroebene geschlossen wird) ausgeschlossen ist. Dabei unterscheiden sich die Ansätze hinsichtlich des Spielraumes, den sie Akteuren zugestehen, um den politischen Prozess zu gestalten. In einer Version kommen Akteure so gut wie nicht vor und gesellschaftliche Entwicklung wird ausschließlich aus Strukturen erklärt. In einer anderen Perspektive nehmen Akteure in Form von kollektiven Akteuren am politischen Prozess teil. Allerdings lassen sich die Motive und Interessen der kollektiven Akteure anhand ihrer gesellschaftlichen Positionen ableiten.

Die ältesten politikwissenschaftlichen Ansätze, die in der vergleichenden Politikwissenschaft Anwendungen fanden und relativ theorielose institutionalistische Ansätze ablösten, waren die Systemtheorie und der Strukturfunktionalismus. Diese Ansätze, die auch heute noch populär sind, schenken den Akteuren fast keine Beachtung. Die Systemtheorie stellt ein gesellschaftspolitisches Modell dar, in dem die Ansprüche von Akteuren in Form von Ansprüchen der Bevölkerung als *input*-Faktoren in die Analyse einfließen, auf die dann das politische System reagieren muss. Der Grad, auf den das politische System auf Ansprüche und andere Umweltreize reagiert, wird als Responsivität bezeichnet. Im politischen System werden diese Ansprüche in *outputs* übersetzt, was konkrete Politiken und Gesetze sein können. Diese *outputs* gelangen dann mittels einer Rückkopplungsschleife (*feedback loop*) wieder als *input* in das politische System und bestimmen zusammen mit anderen Motivationen der Systemunterstützung die Legitimation des Systems. Dabei wird zwischen spezifischer Unterstützung, die bestimmte Politiken betrifft, und diffuser Unterstützung unterschieden. Letztere bezieht sich auf die Akzeptanz des gesamten politischen Systems und hat bestandserhaltende Bedeutung. Abbildung 1-3 fasst das systemtheoretische Modell von David Easton zusammen.

Abbildung 1-3: Eastons Modell

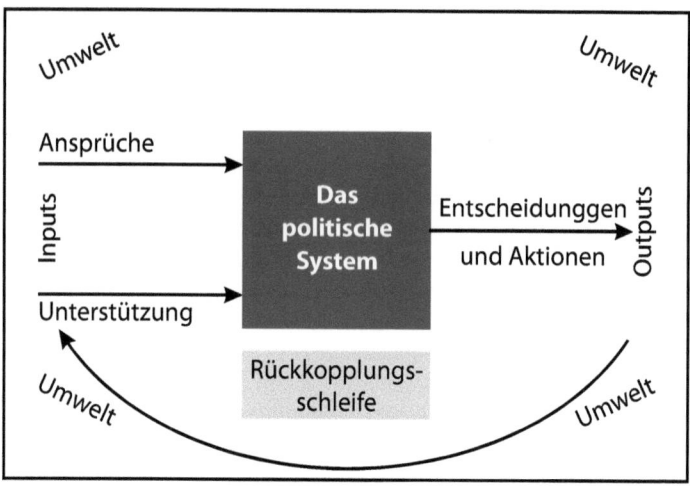

Quelle: Easton 1979: 32; eigene Modifikation.

Der Strukturfunktionalismus betrachtet stärker als die Systemtheorie Aspekte (Funktionen), die das politische System erbringen muss, um in der Umwelt zu überleben. Diese Funktionen müssen von allen politischen Systemen erbracht werden, ganz gleich welchen Entwicklungsgrad ein Land (System) aufweist. Von den führenden Autoren dieses Ansatzes (Almond/Powell 1966) wurde herausgearbeitet, dass ein politisches System in der Lage sein muss, (a) Interessen zu artikulieren und zu aggregieren, sowie (b) ein Regelwerk zu schaffen, anzuwenden und im Konfliktfall seine adäquate Ausübung zu garantieren (rule-adjudication). Darüber hinaus muss es (c) die politische Kommunikation und Sozialisation sowie (d) die Rekrutierung der politischen Eliten garantieren. Ergänzt wird diese Liste durch (e) die Funktionen der Ressourcengenerierung, -verteilung und -regulierung sowie (f) Responsivität. Anhand einer solchen Liste können Untersuchungen zur Erfassung der Stabilität eines politischen Systems durchgeführt werden, wie dies u.a. in der Transformationsforschung praktiziert wurde (Merkel 1999).

Ein weiterer strukturalistischer Ansatz betrachtet den Problemhaushalt von Gesellschaften. Dabei werden fundamentale gesellschaftsstrukturelle Spaltungen (*cleavages*) identifiziert, die sich aus gravierenden historischen Konflikten ableiten lassen. Diesen *cleavages* wird ein großer Einfluss auf die Ausbildung und programmatische Position von politischen Akteuren (vor allem Parteien und Verbänden) zugeschrieben.

Zu den wichtigsten *cleavages* europäischer Staaten zählen etwa der Zentrum/Peripherie-, Kirche/Staat-, Stadt/Land- sowie der Arbeit/Kapital-Konflikt (Rokkan 2000). Durch die Bildung von Nationen entstanden Zentralisierungsprozesse, die zu Konfliktlinien zwischen den urbanen Zentren und der ländlichen Peripherie geführt haben. Die nationale Revolution führte zu einem Konflikt zwischen Staat und Kirche und wirkte sich in den Konfliktlinien zwischen Religion und Säkularisierung sowie Katholizismus und Protestantismus aus. Die industrielle Revolution offenbarte einen Konflikt zwischen landwirtschaftlichen und industriellen Interessen und später den Klassengegensatz von Kapital und Arbeit oder Unternehmern und Arbeitern (auch Links/Rechts-Konflikt). Insbesondere der Links/Rechts-Konflikt wird für moderne Industrienationen, wenngleich in institutionalisierter Form, als besonders relevant angesehen. Neben diesen klassischen Konfliktstrukturen wird in der Politikwissenschaft diskutiert, inwieweit der Konflikt zwischen Wachstum und Umweltschutz zu einer neuen Konfliktlinie beigetragen hat, die unter anderem mit der Etablierung von grünen Parteien in Zusammenhang gebracht wird. Neuerdings wird der Konflikt zwischen Marktliberalismus und Verteidigung des kommunistischen Systems als eine eigene Konfliktstruktur gesehen, die in Osteuropa relevant ist.

Insbesondere in Bezug auf die klassischen *cleavages* wird davon ausgegangen, dass diese bis in die 1920er Jahre akut waren und sich in dieser Zeit die europäischen Parteiensysteme ausdifferenziert haben. Danach haben sich diese Strukturen gefestigt und andere Konflikte wurden lediglich in die etablierten Konfliktstrukturen übersetzt (*freezing hypothesis*). Diese These wurde zum ersten Mal in den 1970er und 1980er Jahren kritisch hinterfragt, als grünen Parteien der Einzug in viele europäische Parlamente gelang.

Ein stärker akteursbezogener strukturalistischer Ansatz ist die Ressourcenmobilisierungsthese. In dieser Perspektive sind gesellschaftliche Akteure in der Lage Ressourcen zu mobilisieren, die ihnen die Durchsetzung ihrer Interessen ermöglichen. So steht im Mittelpunkt einer solchen Analyse zum Beispiel die Mobilisierbarkeit von Ressourcen der Arbeiterbewegung (Korpi 1983; Garrett 1998), die anhand des Wählerzuspruches von sozialdemokratischen Parteien und dem gewerkschaftlichen Organisationsgrad erfasst wird. Auch können andere gesellschaftliche Akteure unter dieser Perspektive untersucht werden, wie etwa die christlichen Parteien (Kersbergen 1995) oder die Umweltbewegung (Jahn 1998). Andere Autoren betonen in diesem Zusammenhang auch die Koalitionsfähigkeit kollektiver Akteure, um ihre Ressourcenkraft zu verstärken. In diesem Zusammenhang hat Esping-Andersen (1990) auf die Fähigkeit der Arbeiterklasse hingewiesen, Koalitionen mit den Dienstleistungsklassen zu bilden. Im Bereich der Umweltpolitik spielt der Aspekt von Allianzen zwischen der Umweltbewegung und anderen kollektiven Akteuren eine wesentliche Rolle im Konzept der politischen Gelegenheitsstruktur (Tarrow 1983; Rucht 1994). Eine weitere Variante dieses Konzepts ist die Parteiendifferenzhypothese. Es wird davon ausgegangen, dass bestimmte politische Parteien, wenn sie an die Regierung kommen, spezifische Politiken durchsetzen können. So konzentrieren sich sozialdemokratische Parteien vor allem auf den Ausbau des Wohlfahrtsstaates, während sich konservative und liberale Parteien vorrangig für den staatlichen Rückzug aus der Wirtschaft einsetzen.

Strukturalistische Ansätze, die stärker auf eine institutionelle Analyse aufbauen, finden sich im Neokorporatismus, der Analyse von Vetopunkten, Demokratiemustern und politischen Regimen. Aus neokorporatistischer Perspektive wird das Zusammenspiel zwischen gesellschaftlichen Akteuren und Staat untersucht, wobei dieses zwischen einem hohen Kooperationsgrad und starker Fragmentierung (Pluralismus) variiert (Siaroff 1999). Wenngleich dieses Konzept oftmals auf die industriellen Beziehungen angewendet wird, kann es auch für andere Politikbereiche benutzt werden. Insgesamt wird davon ausgegangen, dass neokorporatistische Strukturen den politischen Prozess effektiv gestalten können, weil

Interessengegensätze bereits im außerparlamentarischen Raum ausgeglichen werden können. Allerdings kann es auch zur Ausgrenzung von politischen Ansprüchen kommen, wenn diese sich schlecht organisieren lassen oder nicht in die etablierten Interessenverbände integriert werden können.

Ein weiterer institutioneller Ansatz betrachtet institutionelle Barrieren, die den politischen Entscheidungsprozess beeinflussen können. Insbesondere können Vetopunkte (die nicht mit Vetospielern gleichgesetzt werden können, die später im Rahmen der *rational choice* Theorie dargestellt werden; zum Überblick siehe Jahn 2010) den politischen Prozess verlangsamen oder gar gänzlich blockieren. Vetopunkte, deren Anzahl in den modernen Industriegesellschaften stark variiert, sind unter anderem Föderalismus, Bikameralismus, Direktdemokratie, die Autonomie von Zentralbanken, EU-Mitgliedschaft und ein hoher Schwierigkeitsgrad, die Verfassung zu ändern. Auch benutzen verschiedene Autoren unterschiedliche Indikatoren zur Erfassung von Vetopunkten (Schmidt 2008: 351-355). Institutionelle Barrieren sind in der Bundesrepublik Deutschland, den USA und der Schweiz besonders ausgeprägt. Andere Länder verfügen über wenige Vetopunkte, zum Beispiel Großbritannien, Griechenland, Norwegen, Portugal und Schweden. Neuere Ansätze zu Vetopunkten betonen die unterschiedlichen Funktionen von Institutionen und Akteuren. Aufbauend auf das im Folgenden dargestellte Modell der Demokratiemuster von Lijphart unterscheidet Markus Crepaz (2002) zwischen Veränderungen unterstützenden (*collective*) und blockierenden (*competitive*) Vetopunkten. Unterstützende Vetopunkte sind unter anderem ein proportionales Wahlsystem, eine hohe Anzahl von effektiven Parteien sowie ein hoher Korporatismusgrad, während Bikameralismus und Föderalismus als kompetitive Vetopunkte angesehen werden. Uwe Wagschal (2005) geht von einer ähnlichen Unterscheidung aus und identifiziert kompetitive und konsensuale Vetopunkte. Zur ersten Gruppe gehören die Zentralbankautonomie, der Föderalismus, die EU-Mitgliedschaft, die Direktdemokratie, ein starker Bikameralismus, Präsidentialismus und ein Verhältniswahlsystem. Zu den konsensualen Vetopunkten zählt Wagschal ein starkes Verfassungsgericht und mehrere Koalitionspartner. Die konsensualen „Vetopunkte" können den politischen Prozess beschleunigen, sodass sie dann eigentlich keine Vetopunkte mehr sind, sondern eher Beschleunigungspunkte. Kompetitive Vetopunkte besitzen einen politikblockierenden Charakter, der dem ursprünglichen Konzept zugrunde lag. Die Unterscheidung zwischen konsensualen und kompetitiven Vetopunkten erscheint intuitiv sinnvoll, allerdings ist die Funktion der verschiedenen Vetopunkte nur bedingt theoretisch abgeleitet. So spielt der Korporatismusgrad eine unterschiedliche Rolle, je nachdem ob eine konservative oder sozialdemokratische Regierung an der Macht ist oder um welches Politikfeld es sich handelt

Regimeanalysen beziehen sich in der vergleichenden Politikwissenschaft nicht nur auf staatliche Regime (Demokratie, Diktatur), sondern auch auf einzelne Politikfelder. Esping-Andersen (1990) hat beispielsweise drei wohlfahrtsstaatliche Regime (liberal, korporatistisch, sozialdemokratisch) identifiziert, die er mit der Ressourcenmobilisierung der Arbeiterklasse in Verbindung bringt. Stärker auf die Organisationsstruktur von Unternehmen baut das neuerlich entwickelte Konzept von Produktionsregimen auf (Kitschelt u.a. 1999; Hall/Soskice 2001). Die Autoren unterscheiden zwischen vier Produktionsregimen: dem unkoordinierten liberalen Marktkapitalismus, der national koordinierten Marktwirtschaft (korporatistisch), der sektor-koordinierten Marktwirtschaft (Rheinkapitalismus) und der gruppen-koordinierten Marktwirtschaft im pazifischen Raum. Weniger weitreichende Regimetypen wurden darüber hinaus für bestimmte Politikfelder entwickelt: Arbeitsmarkt, Finanzpolitik, Umweltpolitik.

Ein überaus umfassendes Analysekonzept zur Unterscheidung demokratischer Staaten, mit dem unterschiedliche Aspekte der Staatstätigkeit erklärt werden können, ist Arend Lijpharts (1999) Analyse von Demokratiemustern. Er betrachtet in seiner Analyse sechs institutionell-strukturalistische und vier prozessorientierte Faktoren, welche die wesentlichen Unterschiede von Demokratien erfassen. Zur ersten Gruppe zählen (a) die Disproportionalität von Stimmen- und Sitzverteilungen, (b) der Föderalismusgrad, (c) der Schwierigkeitsgrad der Verfassungsänderung, (d) das Letztentscheidungsrecht über Gesetzgebung (Parlament oder Verfassungsgerichtsbarkeit), (e) der Grad der Zentralbankautonomie und

(f) der Aufteilungsgrad der Legislativmacht (Einkammer- bzw. Zweikammersystem). Zu den prozessorientierten Elementen gehören (g) der Fraktionalisierungsgrad des Parteiensystems, (h) das Kräfteverhältnis zwischen Exekutive und Legislative, (i) die Konzentration der Exekutivmacht (gemessen anhand der Regierungsdauer eines Kontinuums von *minimal-winning coalition* bis hin zu Einparteienregierungen) und (j) der Korporatismusgrad. Lijphart identifiziert zwei Dimensionen, die demokratische Staaten unterscheidbar machen: zum einen eine Exekutiv/Parteiendimension (Variablen a, g, h, i, j) und zum anderen eine Föderalismus/Unitarismus-Dimension (Variablen b, c, d, e, f). Diese Dimensionen ermöglichen es Lijphart zwischen Mehrheitsdemokratien und Konsensusdemokratien zu unterscheiden. Der erste Demokratietyp zeichnet sich durch Zurechenbarkeit (*accountability*) und eine konfliktorientierte Politik aus, bei der der Wahlsieger das Sagen hat. Zu den Mehrheitsdemokratien sind vor allem Großbritannien und neuere Demokratien mit britischer Kolonialerfahrung und bis zu den Wahlreformen im Jahr 1996 auch Neuseeland zu rechnen. Die Konsensdemokratie basiert dagegen auf Absprachen und Kompromissen. Dem Typ der Konsensusdemokratie kommen vor allem die Schweiz, Belgien und die EU sehr nahe.

Erwähnenswert sind auch noch Dependenztheorien (Abhängigkeitstheorien), die sich vor allem in Lateinamerika und außerhalb Europas und den USA entwickelt haben (zur Übersicht: Chilcote 1994: 230-283; Vanden/Prevost 2002: Kapitel 7). Diese Ansätze beziehen sich auf das Verhältnis zwischen hoch entwickelten und weniger entwickelten Nationen, wobei vor allem der Einfluss auf die Entwicklung der letzteren im Vordergrund steht. Die Grundprämisse der Abhängigkeitstheorien besteht in der Interaktion einer „dualen Ökonomie". Danach ist die Welt in ein industrialisiertes Zentrum und eine Peripherie eingeteilt. Die Peripherie liefert das Rohmaterial für die industrialisierte Welt. Diese Entwicklung führte dazu, dass die Länder Lateinamerikas, Asiens und Afrikas Zulieferer der Ersten und Zweiten Welt in Nordamerika und West- und Osteuropa wurden. Das bedeutet, dass die Entwicklung der industrialisierten Welt auf der Unterentwicklung der Peripherien gegründet ist. Dadurch werden die unterentwickelten Länder von den entwickelten Ländern abhängig. Unterentwickelte Gesellschaften sind von nicht-entwickelten Gesellschaften zu unterscheiden. Während nicht-entwickelte Gesellschaften eine Entwicklung noch vor sich haben, ist Unterentwicklung ein Zustand, in dem eine Gesellschaft durch den Einfluss der entwickelten Länder unter ihren Möglichkeiten bleibt. Daraus lässt sich ableiten, dass die Probleme der Entwicklungsländer aus dem Wachstum der hoch entwickelten Industrieländer unmittelbar resultieren.

In den unterentwickelten Ländern führt die Abhängigkeit von den entwickelten Regionen zu einem strukturellen Dualismus zwischen Akteuren, die mit dem internationalen Kapital interagieren und besser gestellt sind, und solchen, die marginalisiert werden. Damit wird in den abhängigen Ländern der bedeutsame traditionelle Sektor durch den internationalisierten Sektor geschwächt. Billig produzierte Erzeugnisse zerstören das traditionelle Handwerk, großbetriebliche und monokulturelle Landwirtschaft vertreibt die traditionellen Bauern von ihrem Land in weniger fruchtbare Gebiete.

Das Abhängigkeitsverhältnis zwischen Peripherie und industriellem Zentrum führt nicht dazu, dass wirtschaftliches Wachstum in den abhängigen Staaten ausbleibt, sondern dass dieses strukturell innerhalb der abhängigen Gesellschaften ungleich verteilt bleibt. Diese Entwicklung führt zu einer instabilen politischen Situation.

Neuere Studien belegen, dass die zunehmende Globalisierung und der wachsende Einfluss des Neoliberalismus eine ungleichheitssteigernde Wirkung in vielen weniger entwickelten Länder ausüben (Biglaiser/DeRouen 2004; Rudra 2004). Auch die Art der wirtschaftlichen Unterstützung von weniger entwickelten Ländern beinhaltet Elemente, welche die bestehende Ungleichheit festschreiben (Stone 2004).

1.2 Kulturalistische Perspektive

Kultur stellt einen der ältesten Erklärungsfaktoren für politische Phänomene dar. Allerdings führen die Unbestimmtheit des Konzeptes „Kultur" und die Komplikationen seiner Operationalisierung dazu, dass kulturorientierte Ansätze in der modernen vergleichenden Politikwissenschaft – mit Ausnahme des empirisch-analytischen Ansatzes der „politischen Kultur" – nur selten angewandt werden und keine lange Forschungstradition aufweisen können (Ross 1997; 2009). Allgemein gefasst bedeutet *Kultur* ein Interpretationssystem, mit dem Menschen ihr tägliches Leben strukturieren und das die Basis sozialer und politischer Identität bildet, welche wiederum das Handeln in verschiedensten Lebensbereichen beeinflusst. Kultur ist somit ein Orientierungsrahmen für die Interpretation von Motiven anderer und bildet die Grundlage einer Analyse von Interessen, kollektiven Identitäten und Verhalten. Allerdings – und das macht kulturalistische Analysen so kompliziert – wirkt Kultur indirekt, sodass es notwendig ist, den Einfluss der Kultur auf Interessen und Institutionen zu spezifizieren.

Innerhalb eines Kulturkreises stellt Religion ein wesentliches Element von Kultur dar. Religion fungiert als ein Orientierungsschema für die Mitglieder einer Gesellschaft und mobilisiert weitreichende Gefühle, die mit der menschlichen Existenz verbunden sind. Religion legitimiert politisches Verhalten bis hin zu Kriegen und fördert politische Stabilität. Selbst in hochmodernen Gesellschaften, die einen langen Prozess der Säkularisierung durchlaufen haben, verkörpern religiöse Elemente immer noch ein wesentliches Ordnungssystem, das politisches Verhalten erklären kann (Minkenberg/Willems 2003).

Eine etablierte Forschungstradition, welche die individuelle Ebene systematisch mit der länder*vergleichenden* Ebene verbindet, ist die vergleichende politische Kulturforschung (Pickel/Pickel 2006). Unter *Politischer* Kultur kann man grundsätzlich die gebündelten Einstellungen der Bürger gegenüber ihrem politischen System verstehen. Die klassische Studie in dieser Tradition ist die in den 1960er Jahren durchgeführte Studie über die *Civic Culture* (Almond/Verba 1963), die politische Kultur als die Internalisierung des politischen Systems in kognitiver, affektiver und evaluativer Hinsicht definiert. *Kognitionen* beziehen sich auf das Wissen und die Vorstellungen (*beliefs*) des Einzelnen über das politische System. Die *affektive Orientierung* (*feelings*) umfasst die Akzeptanz des politischen Systems, zum Beispiel ob man stolz darauf ist oder ob man sich entfremdet fühlt. Die *evaluative Ebene* bezieht sich auf die Beurteilung des politischen Systems und umfasst auch Aspekte der Wertvorstellungen und die Bewertung der Leistung von Demokratien. Die Akzeptanz von demokratischen Institutionen spielt eine wesentliche Rolle in der Einschätzung der demokratischen Verankerung. Die *Civic Culture*-Studie untersuchte die Einstellung der Bürger in Deutschland, Großbritannien, Italien, den USA und Mexiko zu politischen Institutionen und zur Demokratie. Im Ergebnis zeigte sich, dass die Demokratie lediglich in den beiden angelsächsischen Ländern voll ausgebildet war und durch eine partizipative bürgerliche (*civic*) Kultur getragen wurde. Die *civic culture* ergibt sich aus einer Zusammenfassung der oben angegebenen drei Kriterien. In den anderen Ländern bestanden wesentliche Defizite: In Italien und Deutschland dominierte eine „Untertanenkultur" (*subject political culture*), in der sich die Bürger über die Existenz eines politischen Systems klar sind, selbst aber nicht am politischen Geschehen teilnehmen. In der „parochialen politischen Kultur" (*parochial political culture*; Parochus = Amtsbezirk eines Pfarrers, wird im Sinne von „begrenzter, engstirniger Weltsicht" in der Studie verwandt) leben die Menschen vor allem in kleinen Einheiten wie Familie, Dorf oder Stamm und sind sich kaum eines übergeordneten politischen Systems bewusst, wie dies in weiten Bevölkerungskreisen in Mexiko der Fall war. In einer Folgestudie, die 1980 publiziert wurde, attestierten die Autoren Deutschland den Aufstieg in die Kategorie der *civic culture* (Almond/Verba 1980).

Wenngleich das Konzept der politischen Kultur in verschiedenen Bereichen der Politikwissenschaft inhaltlich unterschiedlich gefüllt wird, so besteht es in der empirischen Sozialforschung im Wesentlichen aus drei Elementen: Einmal sollen auf der Systemebene die Werte und die Institutionen erfasst werden, die in den Augen der Bürgerinnen und Bürger sowie der politischen Führungsschicht das politische System zusammenhalten (wie soll die politische Führungsschicht ausgewählt werden und unter welchen Umständen sollen die Bürgerinnen und Bürger den Gesetzen eines Landes folgen?). Der zweite Aspekt der politischen Kultur bezieht sich auf die Prozesse und geht der Frage nach, auf welche Weise die Bürgerinnen und Bürger ins politische System integriert sind (inwieweit und in welcher Form äußern sie ihre Bedürfnisse und durch welche Kanäle nehmen sie am politischen Geschehen teil, sind sie Mitglieder von Parteien oder Organisationen oder beteiligen sie sich an politischen Protestaktionen oder sind sie lediglich apathische Beobachter der Politik?). Drittens werden die Erwartungen der Bürgerinnen an die Regierungen ihres Landes untersucht (welche Ziele sollen verfolgt und wie sollen diese Ziele erreicht werden?).

Eine Weiterentwicklung des Ansatzes der politischen Kultur ist die Wertewandelforschung, die vor allem mit dem Namen Ronald Inglehart verbunden ist (Inglehart 1977; 1998; siehe auch zusammenfassend Dalton 2003). Dieser Ansatz geht von einem allgemeinen Wandel von materialistischen zu postmaterialistischen Werten in prosperierenden Gesellschaften aus. Dies wird anhand zweier Hypothesen spezifiziert: Die Mangelhypothese basiert auf der sozialpsychologischen Bedürfnishierarchie von Abraham Maslow, welche besagt, dass zunächst die physischen Bedürfnisse (materialistische Werte) nach Sicherheit und Versorgung grundsätzlich gesichert sein müssen, bevor der Wunsch nach der Befriedigung sozialer Bedürfnisse (postmaterialistische Werte), nach Zugehörigkeit und Achtung sowie nach intellektuellen und ästhetischen Ansprüchen entsteht. Allein aus der Mangelhypothese lässt sich jedoch kein lang anhaltender Wertewandel ableiten. Deshalb benutzt Inglehart zusätzlich die Sozialisationshypothese, wonach sich die Werte eines Menschen in seiner „formativen Phase des Lebens" (im zweiten Lebensjahrzehnt) verfestigen. Danach nehmen Bevölkerungskohorten, die in prosperierenden Gesellschaften zu Zeiten ihrer formativen Jahre leben, eher postmaterialistische Werte an als Menschen, die zunächst ihre physischen Bedürfnisse befriedigen müssen. Anhand einer etablierten Fragebatterie hat Inglehart für die vergangenen 30 Jahre einen Wertewandel identifiziert, der – zumindest bis in die 1990er Jahre – besonders ausgeprägt in Österreich, Kanada, Westdeutschland und vor allem in den Niederlanden war (Dalton 2003: 160).

Andere kulturalistische Ansätze verbinden kulturelle Faktoren mit Institutionen, wie Robert Putnams (1993; 2000; internationale Vergleiche finden sich zum Thema in Putnam 2002) Studien zum *sozialen Kapital*. Putnam geht davon aus, dass Demokratie und demokratische Entwicklung am effizientesten in politischen Systemen sind, in denen eine lange und umfangreiche Tradition der politischen Teilnahme außerhalb der Familie besteht, sei es in Parteien, Verbänden oder Vereinen. Dies illustriert er anhand eines Vergleichs von Nord- und Süditalien. Vertrauen in das politische System stellt in dieser Studie eine Schlüsselvariable dar (Putnam 1993). Henry Milner (2002) hat diesen Ansatz zum Vielländervergleich für hoch entwickelte Staaten ausgebaut, indem er die politische Informiertheit der Bevölkerung als einen wesentlichen Faktor für die Qualität der Demokratie und der politischen Performanz betrachtet. Aber auch außerhalb hoch industrialisierter Länder lassen sich kulturorientierte Ansätze anwenden (Pye 1985; Diamond 1993; Plasser/Pribersky 1996). Auch können verschiedene Kulturen als erklärende Variable für einen systematischen Vergleich sämtlicher Länder der Erde genutzt werden (Inglehart/Welzel 2005).

Eine weitere moderne Variante, die im Rahmen kulturalistischer Ansätze betrachtet werden kann, sind die historisch orientierten geo-kulturalistischen Ansätze. Diese gehen davon aus, dass sich politische Verfahren und Ergebnisse durch globale kulturelle Faktoren erklären lassen. Einen klassischen sozio-historischen Ansatz in dieser Tradition stellt Stein Rokkans geopolitische Landkarte Europas dar. Ein für entwickelte Wohlfahrtsstaaten weltweiter Ansatz in dieser Hinsicht ist das Konzept der Länderfamilien von Francis Castles (1993). Ein weiterer Ansatz für eine weltweite Bestimmung von kulturellen Einflüssen findet sich in den Arbeiten von Samuel Huntington (1996), der neun unterschiedliche „Zivilisationen" auf der Welt identifiziert. Mit dem Begriff „Zivilisation" erfasst Huntington die relevanten Werte, Normen, Institutionen und Denkweisen in verschiedenen Gesellschaften, wobei Religion eine Schlüsselposition innehat. Zu den wichtigen Zivilisationen der Welt zählt unter anderem die *sinische Zivilisation*, die mindestens 3.500 Jahre alt ist und sich aus mehreren Strömungen, zu denen auch die Lehren von Konfuzius gehören, zusammensetzt. Huntington fasst die *japanische* Zivilisation als eine eigene Untergruppe auf, die sich aus der sinischen zwischen 100 und 400 n. Chr. entwickelte. Die *hinduistische* Zivilisation blickt auf eine ebenso lange Tradition zurück wie die sinische, die bis in das 15. Jahrhundert vor unserer Zeitrechnung zurückreicht. Zu den neueren Zivilisationen zählt der *Islam,* der auf der arabischen Halbinsel entstand und sich im 7. Jahrhundert schnell über Nordafrika, die iberische Halbinsel und Zentralasien ausbreitete. Durch die rasante Ausbreitung ergaben sich zum Teil deutlich unterscheidbare Subzivilisationen des Islam wie der arabische, türkische, persische oder malaysische Islam. Auch die *westliche* Zivilisation, die sich ebenfalls im 7. Jahrhundert durchsetzte, kann als jung eingestuft werden. Sie ist stark durch das Christentum geprägt und umfasst heute vor allem große Teile Europas, Amerikas sowie Australiens. Huntington kategorisiert als eigene Tradition die *lateinamerikanische* Zivilisation, die zwar eine christliche Tradition besitzt, wo sich jedoch eine korporatistische, autoritäre Kultur entwickelte, die Europa in dieser Form niemals besaß und die auch Nordamerika und Australien nicht kennen. Auch die *orthodoxe* Zivilisation besitzt starke Verbindungen zum westlichen Christentum. Allerdings wurde sie durch den byzantinischen Einfluss und die 200-jährige tatarische Herrschaft geprägt und trägt eine stark bürokratisch-despotische Ausprägung. Huntington weist auch vielen afrikanischen Staaten eine eigene *afrikanische* Zivilisation zu. Diese baut auf Stammesidentitäten auf und ist mit europäischen und christlichen Elementen gepaart. Länder, die dieser Zivilisation entsprechen, sind die nicht-islamischen Sub-Saharagebiete, wobei Äthiopien historisch einen anderen Weg beschritt. Huntington sieht in den ausdifferenzierten Kulturen das Potenzial für zukünftige gesellschaftliche Konflikte (*clash of cultures*), die den Ost-West-Konflikt seit den 1990er Jahren ablösen. Aktuelle Konflikte im Baltikum, im Nahen und Fernen Osten, sowie zwischen den USA und den fundamentalistischen Strömungen des Islams scheinen seinen Vorhersagen Recht zu geben.

1.3 Rationalistische Perspektive

Die rationalistische Perspektive ist am besten anhand des *rational choice*-Ansatzes beschrieben. Dieser Ansatz wurde in den Wirtschaftswissenschaften entwickelt und erklärt gesellschaftliche Entscheidungen anhand von Individualentscheidungen. In der

Politikwissenschaft wurde er vor allem in der Wahlforschung, Koalitionsforschung und der Forschung kollektiven Handelns angewendet. Im Wesentlichen basiert der *rational choice*-Ansatz bei aller Ausdifferenziertheit auf vier Elementen:

⇨ Rationalitätsannahme: Der *rational choice*-Ansatz geht von der Nutzenmaximierung des Einzelnen aus. Jedem einzelnen Akteur wird unterstellt, dass er in Anbetracht der Situation seinen eigenen Nutzen zu steigern versucht. Allerdings lässt sich nicht in allen gesellschaftlichen Bereichen davon ausgehen, dass die politischen Akteure sich vollkommen an rationalen Entscheidungskriterien orientieren. Deshalb ist der *rational choice*-Ansatz umso geeigneter, je stärker man von einer eindeutigen Nutzenmaximierungsprämisse ausgehen kann. *Rational choice*-Analysen lassen sich am besten durchführen, wenn man die relevanten Akteure und deren Ziele sowie die Kontextbedingungen identifizieren kann, in denen die Akteure ihre Entscheidungen treffen. Dagegen sind *rational choice*-Analysen weniger sinnvoll, wenn Präferenzen nicht stabil oder vorhersagbar sind. *Rational choice*-Analysen sind eher dann durchführbar, wenn die Entscheidungen wichtig für die Beteiligten sind, da unter diesen Umständen eher Entscheidungen rational getroffen werden, als wenn die Betroffenen der Sache gegenüber gleichgültig sind.

⇨ Bedingungsfaktoren: Wesentliche Grundlage der Nutzenmaximierungsprämisse sind die Rahmenbedingungen, in denen der Einzelne seine Nutzenmaximierung verfolgt. Zum einen spielen die Ressourcen des Einzelnen eine wesentliche Rolle. Der Besitz von Geld, Ämtern, Informationen oder Macht beeinflusst die Durchsetzungschancen fundamental. Zum anderen beeinflussen die institutionellen und organisatorischen Rahmenbedingungen, die die „Spielregeln" ausmachen, den politischen Prozess in starkem Maße. Das bedeutet, dass der Einzelne jeweils im Rahmen der Bedingungsfaktoren seinen Nutzen zu maximieren sucht. Vor allem ist das institutionelle Umfeld von Bedeutung. Wo die „Spielregeln" sich häufig ändern oder unvorhersehbar sind, wie in manchen Diktaturen, sind *rational choice*-Analysen weniger aussagekräftig.

⇨ Strategische Interaktion: Die Nutzenmaximierung hängt des Weiteren von der Möglichkeit der Nutzenmaximierung der anderen Akteure in der Entscheidungssituation ab. Der Einzelne wägt seine Entscheidung im Hinblick auf die Ziele und Ressourcen der anderen Akteure ab, die an der Entscheidung mitbeteiligt sind oder dafür in Rechnung gestellt werden müssen. Verkompliziert wird diese Annahme, weil häufig keine vollständigen Informationen über die Präferenzen der anderen Akteure vorliegen bzw. diese nicht bekannt sind. In diesem Zusammenhang sind Analysen im Rahmen des *rational choice*-Ansatzes umso effizienter, je mehr davon ausgegangen werden kann, dass die Akteure zutreffende Informationen über die Ziele der anderen Akteure und die Bedingungsfaktoren besitzen. Wo Informationen geheim gehalten werden, ist der *rational choice*-Ansatz weniger effizient anwendbar. Erschwert wird die Identifizierung von Nutzenmaximierungskriterien auch dann, wenn nicht Individuen, sondern kollektive Akteure, wie Parteien, Regierungen, Parlamenten und Organisationen beteiligt sind (Tsebelis 2002: 38-63). Prinzipiell gilt: Je weniger hierarchisch oder strukturiert ein kollektiver Akteur ist, desto schwieriger sind Handlungen rational nachzuvollziehen.

⇨ Lösungsgleichgewicht: Schließlich geht der *rational choice*-Ansatz in Form der Spieltheorie von einem Lösungsgleichgewicht aus. Die Entscheidungen, die unterschiedliche Akteure durch Interaktion gemeinsam treffen, besitzen also entsprechend ihren Ressourcen und Rahmenbedingungen einen Balancepunkt. Jeder Entscheidungsteilnehmer kann seinen Nutzen demnach nur bis zu einem gewissen Punkt maximieren, der in der Summe für jeden ein „Optimum" bedeutet. Lösungsgleichgewichte sind besonders stabil, wenn alle beteiligten Akteure einen Zielgewinn in der neuen Situation gegenüber der vorherigen erkennen (Pareto-Kriterium). Das bedeutet aber nicht, dass ein Lösungsgleichgewicht effizient oder insgesamt optimal sein muss.

In der politikwissenschaftlichen Praxis ist es jedoch oftmals so, dass Entscheidungssituationen untersucht werden, in denen eine Lösung gesucht wird, ohne dass die Akteure über vollständige Informationen verfügen. In diesen Fällen wird der *rational choice*-Ansatz erweitert, damit auch Entscheidungssituationen untersucht werden können, in denen die Akteure keine vollständige Information besitzen (Baltz 2009).

Die Präferenzaggregation, d. h. die logische Verbindung zwischen individuellen Präferenzen sowie die durch Interaktion zwischen Individuen (oder deren Analogien) getroffenen Entscheidungen, stellt einen wesentlichen Schritt in *rational choice*-Ansätzen dar und macht deren analytischen Wert hauptsächlich aus. Die Darstellung „perverser" Effekte von individuell rationalem, aber kollektiv schädlichem Verhalten hat die Forschung über bestimmte politische Ergebnisse revolutioniert. Denn unter bestimmten Bedingungen kann es zu Entscheidungsblockaden oder zu kollektiven Ergebnissen kommen, die nicht im Sinne aller am Entscheidungsprozess Beteiligten sind (Guggenberger/Offe 1984). Es kann dabei gezeigt werden, dass nicht nur die Präferenzen selbst, sondern zum Teil auch die Sequenz von Entscheidungen für das Ergebnis ausschlaggebend ist. Dies bedeutet, dass das *Agendasetting* eine hervorgehobene Bedeutung besitzt. Ein weiteres Problem, was mit Hilfe des *rational choice*-Ansatzes erklärt werden kann, ist das Trittbrettfahrertum (Olson 1992). Anhand der Unterscheidung von Privat- und Kollektiv- oder öffentlichen Gütern wird gezeigt, dass es individuell irrational ist, Ressourcen für Dinge aufzuwenden, die man sowieso auch ohne eigenen Einsatz erhalten würde (Ostrom 1990).

Rational choice-Ansätze können eine theoretische Orientierung für viele Politikbereiche geben. Insbesondere in Form von mehr oder weniger formalisierten Modellen (Shepsle/Bonchek 1997; Morton 1999) lassen sich politische Prozesse in bestimmten Entscheidungssituationen in überprüfbare Hypothesen übertragen. Dabei können hoch formalisierte Entscheidungsmodelle entwickelt oder die Hypothesen durch analytische Narrative (*story line*) interpretiert werden, in denen mit gedanklichen Konterfakten operiert werden kann (Bates u.a. 1998; Geddes 2003; Levi 2009).

Der *rational choice*-Ansatz geht von einer deduktiven Perspektive von allgemein gültigen Entscheidungsmechanismen aus, die sowohl in wenig entwickelten als auch in hoch entwickelten Industrieländern Gültigkeit haben. Die verschiedenen Bedingungsfaktoren und Ressourcenausstattungen der Akteure führen zur notwendigen Varianz für vergleichende Studien. Somit stellt der *rational choice*-Ansatz eine äußerst effektive Möglichkeit theoriegeleiteter Sozialwissenschaft dar. Besonders einflussreich für die vergleichende Politikwissenschaft sind die Arbeiten zu Regierungsbildungen (Laver/Shepsle 1996) und neuerlich zu Politikblockaden durch Vetospieler (Tsebelis 2002).

George Tsebelis verbindet einen institutionalistischen Ansatz von Veto*punkten* mit dem *rational choice*-Ansatz zu einem Veto*spieler*ansatz. Vetospieler sind Akteure, deren Einwilligung notwendig ist, um den *status quo* zu verändern. Tsebelis geht davon aus, dass politische Entscheidungen auf einem Kontinuum von politischer Innovation zu politischer Stabilität erfasst werden können. Damit rückt für ihn der *status quo* als ein zentraler Aspekt in den Mittelpunkt seiner Analysen. Die entscheidende Frage besteht darin, wie und unter welchen Bedingungen der *status quo* verändert werden kann. Tsebelis geht davon aus, dass die Akteure eine Kernposition (*ideal points*) vertreten. Bis zu einem gewissen Grade sind die Akteure bereit, von dieser Position abzurücken, um Kompromisse zu schließen. Diesen Grad erfasst Tsebelis als einen Kreis, in dessen Mittelpunkt die Kernposition steht. Dieser Bereich wird durch die Indifferenzkurven umschlossen und stellt den Gleichgültigkeitsbereich dar. Solange eine Verschiebung innerhalb dieses Bereichs stattfindet, ist prinzipiell eine Veränderung des *status quo* möglich. Die Schnittmenge der Indifferenzkurven aller Akteure nennt Tsebelis *winset*, das den Veränderungsbereich definiert. Allgemein gilt: Je mehr Vetospieler an einer Entscheidung beteiligt sind, desto kleiner wird der Veränderungsbereich und desto schwerer ist es, substanziell vom *status quo* abzurücken.

Abbildung 1-4 verdeutlicht die Verkleinerung des Veränderungsbereichs durch die Aufnahme des Akteurs D in einer Entscheidungssituation, die zuvor durch die Akteure A, B und C bestimmt war. Das Beispiel bezieht sich auf einen zweidimensionalen

Raum. Auf der horizontalen Achse könnte beispielsweise der Links/Rechtskonflikt abgetragen sein, auf der vertikalen Achse der Umweltschutz/Wachstumskonflikt. Zwar können auch Situationen entstehen, in denen ein weiterer Vetospieler nicht zur Verkleinerung des Veränderungsbereiches führt, jedoch wird ein solcher diesen niemals vergrößern. Auch verdeutlicht die Abbildung, dass die Veränderung des *status quo* umso schwieriger ist, je dichter dieser an der Kernposition eines Akteurs angesiedelt ist.

Abbildung 1-4: Veränderungsbereiche (*winsets*) des *status quo* und Anzahl von Vetospielern

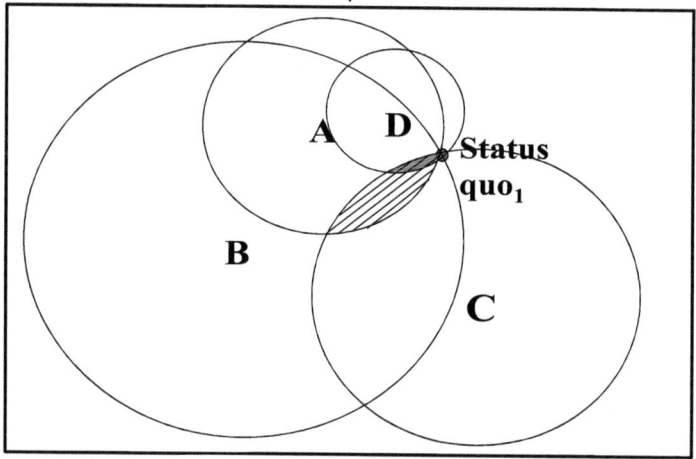

Quelle und *Erklärung*: Tsebelis 2002: 22 und 23 mit eigenen Veränderungen. Die grob schraffierte Fläche stellt das *winset* für die Akteure A, B und C dar. Tritt Akteur D hinzu, verringert sich das *winset* (doppelt schraffierte Fläche).

Wenngleich die Analyselogik für kollektive Akteure wie Parteien, Gewerkschaften sowie soziale Bewegungen jener von individuellen ähnelt, ist folgender Faktor wesentlich: Weil sich kollektive Akteure aus mehreren individuellen Akteuren zusammensetzen, ist deren Kernposition nicht so eindeutig bestimmbar wie bei individuellen Akteuren. Kollektive Vetospieler verkörpern ein Zusammenspiel von individuellen Vetospielern, die innerhalb des Kollektivs auch über

Kernpositionen und Indifferenzkurven verfügen. Der gemeinsame Bereich, der die Kernposition eines individuellen Vetospielers ausmacht und dort als ein Punkt dargestellt werden kann, ist bei kollektiven Vetospielern weiter und kann als Kreis bestimmt werden. Dieser wird als *yolk* (Eigelb) bezeichnet. Je enger das *yolk*, desto größer ist die „Kohärenz" (Einigkeit) des Vetospielers und desto eingeschränkter ist die Bereitschaft zu Veränderungen. Prinzipiell verringern die uneindeutigen Kernpositionen der kollektiven Akteure die politische Stabilität, da die Positionen um den Radius von individuellen Akteuren streuen. So können kollektive Akteure eine Veränderung des *status quo* erreichen, wo dies individuellen Akteuren nicht gelingt. Die folgende Abbildung verdeutlicht diese Situation.

Abbildung 1-5: Unterschied zwischen der Entscheidungssituation von individuellen und kollektiven Akteuren

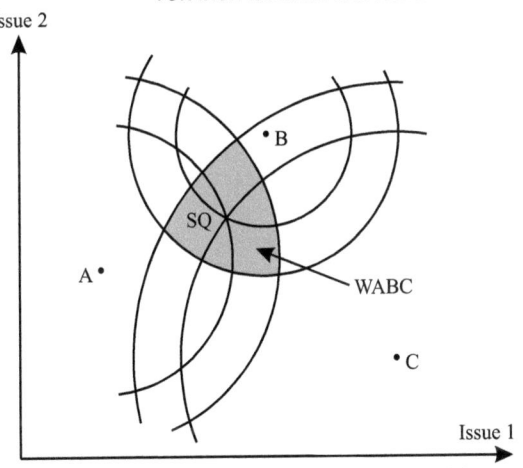

Quelle und *Erklärung*: Tsebelis 1995: 300. A, B und C sind die Mittelpunkte der Akteure, deren engere individuelle Indifferenzkurve sich im *status quo* (SQ) trifft, jedoch kein *winset* für eine *status quo*-Verschiebung bietet. Dies ergibt sich jedoch (WABC), wenn die kollektiven Akteure mit dem entsprechenden *yolk* (äußere Indifferenzkurven der drei Akteure) berücksichtigt werden (grau unterlegter Bereich).

Die Darlegungen über die Entscheidungslogik von kollektiven Akteuren führen Tsebelis zu der folgenden allgemeinen Schlussfolgerung: Die Stabilität steigt, wenn (a) die Anzahl der Vetospieler hoch ist, (b) deren Kernpositionen nahe beieinander liegen und (c) die Kohärenz der Vetospieler hoch ist. Hinsichtlich der Identifikation von Vetospielern in verschiedenen Gesellschaften und für verschiedene Politikbereiche bedarf es einer institutionellen Analyse der relevanten Akteure (Tsebelis 2002: Teil II).

1.4 Integration von theoretischen Strömungen

Die Darstellung der theoretischen Ansätze und Traditionen der vergleichenden Politikwissenschaft trägt einen idealtypischen Charakter, indem die Ausrichtungen der Theorien jeweils überspitzt und isoliert dargestellt worden sind. In der empirischen Praxis haben sich Ausdifferenzierungen der jeweiligen Ansätze ergeben, und es gehört zu jeder empirisch orientierten Arbeit, sich einen Mix aus theoretischen Elementen widerspruchsfrei zusammenzustellen. Jedoch birgt die Kombination von Ansätzen auch Gefahren. Deshalb soll an dieser Stelle auf die Vor- und Nachteile der Integration verschiedener theoretischer Strömungen eingegangen werden.

Insgesamt soll der theoretische Ansatz einer Untersuchung logische Konsistenz, Widerspruchsfreiheit, Informationsgehalt, Erklärungskraft, Prognosefähigkeit, Eignung für die Aufstellung und Überprüfung von Hypothesen sowie Sparsamkeit im Sinne eines optimalen Mischungsverhältnisses von Aufwand und Ertrag (*parsimonious*) besitzen. Theorien sollen die empirische Arbeit erleichtern und nicht erschweren oder vernebeln.

Der Wunsch nach Integration von theoretischen Strömungen besteht darin, den Forschungsgegenstand möglichst differenziert zu erfassen. Für die meisten Bereiche gilt, dass sie sowohl strukturell beeinflusst sind als auch auf kulturelle Tatbestände Bezug nehmen und von rationalen Akteuren geformt werden. Um also ein politikwissenschaftliches Phänomen adäquat zu erfassen, sollten möglichst viele Aspekte theoriegeleitet betrachtet werden. Diese durchaus berechtigte Bestrebung stößt jedoch an ihre Grenzen, weil Analysen schnell zu überkomplexen Erklärungen neigen. Dies steht im Gegensatz dazu, dass gute Theorien „*parsimonious*" (mit möglichst wenig Aufwand, möglichst viel erklären) sein sollen. Außerdem verwässern Theorien, wenn mehrere Traditionen verbunden werden. Zu komplexe Theoriegebäude neigen ferner dazu, dass sie nur noch für sehr spezifische Untersuchungsfälle gelten. Die Bestrebung, die Theorie an die Untersuchung anzupassen, führt dann dazu, dass die aus dem Ansatz abgeleiteten Hypothesen nicht mehr falsifizierbar und zum Teil tautologisch (Zirkelschluss) werden. In der konkreten Analyse muss also immer wieder ein Kompromiss zwischen den Anforderungen, die vorgefundene Komplexität durch komplexe Ansätze zu erfassen, und der Reduzierung der Komplexität auf wesentliche Prinzipien gefunden werden. Bleiben die Ansätze zu komplex, sind die Erklärungen ineffizient. Werden die Ansätze zu simpel, gelangt man zu trivialen Erklärungen. Das Ziel muss also darin bestehen, effiziente und gehaltvolle Erklärungen für einen Sachverhalt zu erhalten. Dabei ist besonders wichtig, dass man sich vor Augen führt, dass eine Untersuchung immer nur einen Teilaspekt eines sozialen Phänomens beleuchten kann und nicht „die ganze Welt" erklären muss.

Die theoriegeleitete Forschung sieht sich jedoch mit dem Problem konfrontiert, dass kausale Theorien letztendlich selbst auch nicht Kausalität beweisen, so dass wir deshalb selbst der Theorie gegenüber skeptisch eingestellt sein müssen, die uns doch gleichzeitig Orientierung geben soll. Durch das Zusammenspiel zwischen theoretischer Orientierung und empirischer Überprüfung wird schließlich auch die Theorie weiterentwickelt. Donald Campbell (1977/1988: 477; eigene Übersetzung DJ) hat das Problem zwischen Vertrauen und Zweifel im theoretischen Bezug anschaulich mit einer Metapher beschrieben: „Wir sind wie Seeleute, die ein heruntergekommenes Schiff auf hoher See reparieren müssen. Wir vertrauen der großen Anzahl der Balken, während wir die besonders schwachen austauschen. Jeden Balken, dem wir jetzt vertrauen, werden wir später ersetzen. Jedoch sollte jedes Mal der Anteil der Balken, die wir austauschen, bedeutend geringer sein als der Anteil der Balken, denen wir vertrauen." Auch sollten Theorien falsifizierbar sein. Das bedeutet, dass möglichst klare Kriterien angegeben werden müssen, unter welchen Bedingungen eine Theorie *nicht* zutrifft oder an ihre Grenzen stößt. In der wissenschaftlichen Realität wird allzu oft versucht eine Theorie unter allen Umständen zu bestätigen. Allerdings lernen wir genauso viel oder gar mehr, wenn wir die Grenzen einer Theorie deutlich machen, als wenn wir eine passende Theorie für unseren Forschungsgegenstand entwickeln.

Wenngleich eine theorieorientierte Forschung nicht alle Probleme lösen kann, ist sie einem theorielosen Vorgehen bei weitem überlegen, da man durch den Theoriebezug auf langjährige Traditionen und Erfahrungen aufbauen kann. Neben einem Theoriebezug hilft eine systematische und nachvollziehbare Methodik gültige und zuverlässige Ergebnisse zu erhalten. Die vergleichende Methode dient diesem Zweck und stellt ein zentrales Element der vergleichenden Politikwissenschaft dar. Anhand der Erörterung der Fragen „Warum, Was und Wie vergleichen" soll der Nutzen der vergleichenden Methode in der vergleichenden Politikwissenschaft im Folgenden näher dargelegt werden.

Weiterführende Literatur

Lichbach, Mark I./Zuckerman, Alan (1997; 2009)
Dieses Werk stellt die Typologie von strukturalistischen, kulturalistischen und rationalistischen Theorien dar und führt in spezifische Anwendungsbereiche ein. In der zweiten Auflage wird betrachtet, inwieweit diese Typologie auch in der Gegenwart Gültigkeit besitzt und welche Entwicklungen in den vergangenen zehn Jahren stattgefunden haben.

Chilcote, Ronald (1994)
Eines der wenigen Werke, das in seinem Titel auf die Beziehung von Theorie und vergleichender Politikwissenschaft hinweist. Das Buch behandelt das Thema umfassend, lässt aber eine Systematik in der Abhandlung vermissen.

LaPalombara, Joseph (1974)
Der Autor stellt das Konzept der „Theorien mittlerer Reichweite" vor und diskutiert dessen Vor- und Nachteile. Darüber hinaus ist das Buch innovativ und provokant hinsichtlich der Anwendung von Theorien in der empirischen Sozialwissenschaft.

2 Warum vergleichen?

Warum besitzt der Vergleich in der Politikwissenschaft einen so hohen Stellenwert, dass sich eine Subdisziplin unter der Bezeichnung „vergleichende Politikwissenschaft" ausdifferenziert hat? Alle anderen Teilbereiche der Politikwissenschaft definieren sich durch inhaltliche Kriterien. Wie in diesem Kapitel näher dargelegt wird, unterscheidet sich der Vergleich von der vergleichenden Methode. Die vergleichende Politikwissenschaft definiert sich durch die Anwendung der *vergleichenden Methode* auf politikwissenschaftlich relevante Gegenstandsbereiche. Denn verglichen wird auch in den anderen politikwissenschaftlichen Subdisziplinen und überhaupt kann davon ausgegangen werden, dass alles menschliche Denken an Vergleichen orientiert ist. Darum würde eine Subdisziplin, die sich auf den Vergleich bezieht, keinen Sinn machen.

Der hohe Status der vergleichenden Methode in der Politikwissenschaft ist darin begründet, dass die vergleichende Methode in besonderem Maß dazu geeignet ist, politikwissenschaftliche Phänomene zu untersuchen und mit den Mitteln sozialwissenschaftlicher Methoden ursächlich zu erklären. Dies wird deutlich, wenn die vergleichende Methode mit anderen wissenschaftlichen Methoden verglichen wird.

2.1 Vergleich und vergleichende Methode

Das Vergleichen an sich stellt, wie schon erwähnt, kein methodisches Vorgehen dar, denn auch im Alltagsleben vergleichen wir ständig. Durch den Vergleich mit bekannten Dingen schätzen wir neue Situationen ein und passen unser Verhalten dementsprechend an. Vergleiche sind allgegenwärtig. Dies trifft auch auf die Politikwissenschaft zu. Jedoch sind allgemeine Vergleiche kein Synonym für die vergleichende Methode. Empirische Tatbestände können durch den Vergleich auf analytische Konzepte bezogen werden, bisher Unbekanntes kann mit Hilfe des Vergleichs mit Bekanntem eingeschätzt und das Besondere hervorgehoben werden, Tatbestände können systematisiert werden. Vergleiche führen darüber hinaus zur Erfahrungserweiterung und machen auf weitere Möglichkeiten der Realitätsgestaltung aufmerksam und dienen der Erweiterung der Vorstellungskraft. Vergleiche unterstützen die Suche nach funktionalen Äquivalenten, rationalen Modellen, Idealtypen, Utopien usw. Diese allgemeine Form des Vergleichs beschränkt sich nicht auf die vergleichende Politikwissenschaft, sondern findet sich auch in Studien der internationalen Beziehungen, politischen Theorie und Ideengeschichte und im Bereich der Untersuchung der politischen Systeme. Was macht also die Besonderheit der vergleichenden Methode in der Politikwissenschaft aus?

Im Gegensatz zum Vergleich im Allgemeinen kann die vergleichende Methode zu generalisierbaren Ergebnissen gelangen, indem sie aufgestellte Hypothesen empirisch überprüft. Die vergleichende Methode lenkt den Schwerpunkt des Interesses von den Fällen hin zu Beziehungen zwischen Variablen. Führende Wissenschaftler im Bereich der vergleichenden Politikwissenschaft gehen davon aus, dass die vergleichende Politikwissenschaft sich nicht dadurch auszeichnet, dass die Forschungsgegenstände länderübergreifend sind, sondern vor allem durch die Anwendung der vergleichenden Methode (Lijphart 1971: 682; Sartori 1991; siehe auch: Jahn 2007). Diese Auffassung basiert auf bestimmten wissenschaftstheoretischen Überlegungen, die im Folgenden näher dargestellt werden.

2.2 Die vergleichende Methode als wissenschaftliche Methode

Neben wissenschaftlichen Verfahren gibt es unterschiedliche Wege, um sich Wissen anzueignen. Politische Phänomene können durch den Glauben an Mythen, Autoritäten, Intuitionen und Religionen, den Bezug auf den „gesunden Menschenverstand" (*common sense*) oder unsystematische Beobachtungen und Erfahrungen (Zeitungslesen) erklärt werden. Bei all diesen Formen von Wissensaneignung ist es schwer zu entscheiden, wie die unterschiedlichen Auffassungen von Realität unter Rückgriff nachvollziehbarer Kriterien Gültigkeit beanspruchen können. Die wissenschaftlichen Methoden beinhalten dagegen intersubjektive Kriterien, an denen die Wissensaneignung innerhalb einer Disziplin gemessen werden kann. Das heißt nicht, dass Uneinigkeiten zwischen verschiedenen Wissenschaftlerinnen in dieser Tradition nicht entstehen können, sondern nur, dass explizite Kriterien existieren, diese auszutragen. Die wesentlichen Kriterien sozialwissenschaftlichen Arbeitens sind:

⇨ Sozialwissenschaftliches Aneignen von Wissen besteht in der *empirischen Verifikation*. Das bedeutet, dass Aussagen durch objektive Beobachtung als wahr gelten. Eine solche Aussage kann jedoch nur für eine bestimmte Periode Gültigkeit beanspruchen, bis die Aussage als falsch (falsifiziert) identifiziert wird. Empirisch bedeutet dies, dass das Wissen auf Beobachtungen basiert.
⇨ Sozialwissenschaftliches Arbeiten beruht auf *überprüfbaren Aussagen*. Dieses Kriterium verlangt, dass andere die Ergebnisse rekonstruieren und überprüfen können. Um dieses Kriterium zu erfüllen, müssen wissenschaftliche Arbeiten die Arbeitsschritte, Informationsquellen und Analyseverfahren offenlegen.
⇨ Sozialwissenschaftliche Erklärungen basieren auf beobachtbaren Regelmäßigkeiten, die über den untersuchten Fall hinaus Gültigkeit besitzen sollen. Dieses Kriterium der *empirischen Generalisierung* macht es möglich, dass Wissen kumulativ innerhalb einer *scientific community* weiterentwickelt werden kann.
⇨ Sozialwissenschaftliches Vorgehen ist *nicht normativ*. Normativ bedeutet, dass Wissen bewertend, wertgeladen oder mit Anleitung, wie etwas zu sein hat, assoziiert wird. Sozialwissenschaftliches Arbeiten erklärt Zusammenhänge und stellt die Konsequenzen dieser Zusammenhänge dar, es bewertet diese jedoch nicht. Wenngleich der Forschungsprozess nicht wertfrei ablaufen kann, denn schon allein die Entscheidung für eine Forschungsfrage hängt von Werteinstellungen ab, so

sollen Werteinstellungen nicht den Forschungsprozess leiten und möglichst wenig Einfluss auf ihn nehmen.

Die vergleichende Politikwissenschaft besitzt in einem besonderen Maße die Fähigkeit, wissenschaftlich vorzugehen. Dies wird deutlich, wenn die vergleichende Methode mit anderen wissenschaftlichen Methoden verglichen wird. Unter wissenschaftlichen Methoden können das Experiment, die statistische sowie die vergleichende Methode zusammengefasst werden. Auch die Fallstudie kann unter gewissen Umständen als weitere Methode mit wissenschaftlichen Potenzialen aufgenommen werden. Dabei erfüllt das Experiment die wissenschaftlichen Ansprüche am deutlichsten, gefolgt von der statistischen und der vergleichenden Methode und schließlich der Fallstudie. Arend Lijphart (1975: 162) stellt die unterschiedlichen wissenschaftlichen Methoden wie folgt graphisch dar:

Abbildung 2-1: Wissenschaftliche Methoden nach Lijphart

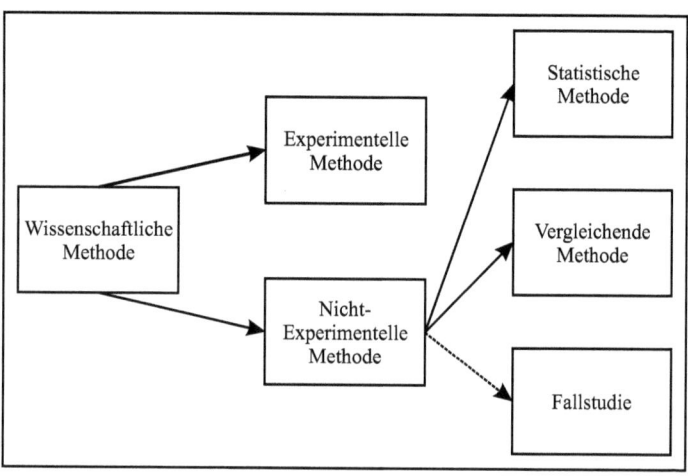

Das *Experiment* gilt als die klassische wissenschaftliche Methode. Unter der Kontrolle von externen Einflüssen wird oftmals im Labor oder Versuchsraum vom Forscher eine Variable bewusst verändert und die Reaktion auf die Untersuchungsgruppe beobachtet. Um den Einfluss der Variablen zu bestimmen, wird eine Kontrollgruppe nicht der Variablenveränderung ausgesetzt und werden danach die beiden Gruppen verglichen. Wenngleich das Experiment am ehesten von allen wissenschaftlichen Methoden zu Kausalaussagen gelangen kann, so ist es in der Politikwissenschaft kaum anwendbar. So sind Länder nicht durch Forscher manipulierbar und es fehlen auch die Kontrollländer, die sich im gleichen Maße ähneln wie etwa Individuen.

Ein weiteres zuverlässiges wissenschaftliches Verfahren stellt die *statistische Methode* dar. Diese Methode lebt von einer großen Fallzahl. Durch die Standardisierung und Quantifizierung von Variablen lassen sich Daten anhand der deskriptiven Statistik analysieren. Durch bestimmte Auswahlverfahren, die auf dem Wahrscheinlichkeitsprinzip der Inferenzstatistik beruhen, lassen sich aus einer relativ kleinen Gruppe (*sample*) Aussagen über große Einheiten (Population, Grundgesamtheit) treffen. Durch die künstliche Einteilung der Untersuchungseinheiten in verschiedene Gruppen lässt sich anhand der partiellen Korrelation der Grad des Einflusses von verschiedenen unabhängigen Variablen (Erklärungsfaktoren) auf die abhängige Variable (was erklärt werden soll) einschätzen. Die Kontrolle, ob eine Variable einen Einfluss besitzt, wird dadurch erreicht, dass der Einfluss der anderen unabhängigen Variablen statistisch konstant gehalten wird. Allerdings ist die statistische Methode dem Experiment unterlegen, da nicht sichergestellt werden kann, welcher Einfluss für die abhängige Variable ursächlich war. Wenngleich sich die statistische Methode eher für politikwissenschaftliche Fragestellungen eignet, da sie nicht auf einen direkten Einfluss des Forschers angewiesen ist, steht man in diesem Fall oftmals vor dem Problem, eine nicht genügend große Anzahl von Fällen bzw. Beobachtungen zur Verfügung zu haben, um die statistische Methode effizient anwenden zu können. Was bleibt ist die vergleichende Methode.

Die *vergleichende Methode* zeichnet sich dadurch aus, dass sie relativ kleine Fallgruppen systematisch untersuchen kann und dass es nicht notwendig ist auf den Untersuchungsgegenstand direkt einzuwirken. Allerdings geben wir bei der vergleichenden Methode noch weiter die oben genannten wissenschaftlichen Kriterien auf, da die Generalisierung der Ergebnisse nicht durch inferenzstatistische Verfahren gesichert werden kann. Damit ist die vergleichende Methode der statistischen Methode unterlegen, stellt aber immer noch ein sehr effizientes Analyseverfahren dar. Das konstitutive Charakteristikum der vergleichenden Methode besteht in der systematischen Kontrolle der Varianz zwischen den Variablen durch eine bewusste Fallauswahl.

Die *Fallstudie* besitzt als eigenständige Methode das geringste analytische Potenzial. Auch ist der Erkenntnisgewinn einer vergleichenden Fallstudie relativ gering. Zum einen kann eine Studie mit wenigen Fällen nicht für eine Grundgesamtheit repräsentativ sein und zum anderen bestehen zu wenige Vergleichsmöglichkeiten (Freiheitsgrade), um belastbare Ergebnisse aus wenigen Fällen abzuleiten. Die Fallstudie kann jedoch im Rahmen einer vergleichenden Studie auf wichtige fallinterne Prozesse aufmerksam machen. Besonders fruchtbar ist die Fallstudie, wenn es darum geht herauszufinden, warum manche Fälle von einem Verhaltensmuster abweichen (Analyse abweichender Fälle).

2.3 Wissenschaftliches Erkenntnisinteresse

Um die vergleichende Methode im Kanon wissenschaftlicher Wissensaneignung zu verorten, ist es sinnvoll auf wesentliche Aspekte der Erkenntnistheorie einzugehen. Die Erkenntnistheorie (*Epistemologie*) beschäftigt sich mit der Erörterung wissenschaftlicher Aspekte, wie dem Ziel wissenschaftlichen Arbeitens im Allgemeinen und der prinzipiellen Aneignung von Wissen. Sie stellt somit eine meta-wissenschaftliche Erläuterung wissenschaftlicher Begriffe, Methoden und Erkenntnisinteressen dar. Politikwissenschaft entstammt der Philosophie, hat sich in ihrer Geschichte jedoch zunehmend sozialwissenschaftlich entwickelt. Diese Traditionen spiegeln sich im Gegensatz zwischen nomothetischem und idiographischem Vorgehen wider, die mit den Begriffen Erklären (nomothetisch) und Verstehen (idiographisch) verbunden werden. Naturwissenschaften gehen im Wesentlichen nomothetisch vor, indem sie versuchen allgemein gültige Gesetze zu ermitteln. Die Geschichtswissenschaft wird oftmals als Beispiel für den Gegenpol herangezogen, da in ihr vor allem das Verstehen des Besonderen im Mittelpunkt steht: „Natural science seeks for law, history for the particular" (Aron 1959: 157). Ernst Nagel (1959: 203-204) illustriert das Vorgehen der Naturwissenschaft und der Geschichte, indem er herausstellt, dass in einer typischen naturwissenschaftlichen Abhandlung die Darstellungsweise allgemein ist und selten Bezug genommen wird auf spezifische Gegenstände, Orte und Perioden. Der Untersuchungsgegenstand wird durch Begriffe erfasst, die nicht dem Alltagsleben entstammen. Geschichtswissenschaftliche Analysen beziehen sich dagegen zumeist auf spezifische Gegenstände und operieren mit realen Namen, Zeitpunkten oder geographischen Gebieten.

Die Unterscheidung zwischen idiographischem und nomothetischem Vorgehen führt in den Sozialwissenschaften zu zwei unterschiedlichen Erkenntnisinteressen. Auf der einen Seite die erkennende und erklärende und auf der anderen Seite die verstehende und erlebende Forschungspraxis. Mit Erklärung ist dabei die logische Ableitung eines Satzes aus singulären Randbedingungen und allgemeinen Aussagen, im besten Fall (Kausal-) Gesetzen, gemeint (*Deduktion*).

Allerdings sind in den Sozialwissenschaften die deduktiven Schlüsse meist nicht deterministisch (trifft immer zu), wie das in der naturwissenschaftlichen Forschung sehr oft der Fall ist, sondern lediglich probabilistisch (trifft meistens zu). Dies liegt zum einen daran, dass sozialwissenschaftliche Erklärungen zumeist nicht monokausal (nur eine Bedingung – unabhängige Variable – ist für das Ergebnis – abhängige Variable – verantwortlich) sind, sondern eine Fülle von Ursachen und Interaktionen umfassen, die nicht alle in einer Untersuchung beachtet werden können. Zum anderen haben es Sozialwissenschaften mit Akteuren zu tun, die bewusst oder unbewusst gegen „soziale Regeln" verstoßen können. So bleibt in jeder Studie immer ein Teil unerklärt (unerklärte Varianz). Die Folge ist, dass sozialwissenschaftliche Aussagen dahingehend abgeschwächt werden müssen, dass ein Zusammenhang nur bis zu einem gewissen Grade identifizierbar ist. Damit entstehen in der deduktiv-nomologischen Wissenschaftsauffassung Hypothesen, die als (relative) wenn-dann-Aussagen (wenn Bedingung A erfüllt ist, dann meistens Ereignis X) oder je-desto-Aussagen (je mehr von B, desto weniger von Y) bezeichnet werden können.

Das verstehende/erlebende Erkenntnisinteresse stellt ein methodisches Verfahren dar, bei dem der Forschungsgegenstand im Lichte der Intention des Handelnden gedeutet werden soll. „Verstehen" heißt hierbei, dass Deutungshypothesen, die anhand bewährter Prüfkriterien, die ihrerseits theoretisch abgeleitet sein müssen, auf ihre Gültigkeit kritisch kontrolliert werden. Hierzu dient das hermeneutische Verfahren, dessen Eigenart unter anderem darin besteht, dass es unmittelbar mit den Erfahrungen des Forschers zusammenhängt und sich zumindest teilweise intersubjektiven Prüfverfahren entzieht. Soziale Realität wird dabei als soziales Konstrukt aufgefasst und interpretiert. Das tiefere Verständnis einer Sache wird durch das Defizit der Nachvollziehbarkeit, eine zentrale Forderung der empirischen Sozialforschung, erkauft. Darüber hinaus wird der Begriff des heuristischen Verständnisses in Untersuchungen oftmals auch missbraucht, wenn die Ergebnisse einer Untersuchung nicht wissenschaftlich belegt werden können, sondern auf *ad hoc*-Interpretationen und den Bezug auf alltägliche Klischees angewiesen sind. Hermeneutik ist sicherlich einer der am häufigsten missbrauchten Begriffe in den Sozialwissenschaften (Mayer 1989: 284). Zusammenfassend lassen sich idiographische und nomothetische Vorgehensweise in ihren grundsätzlichen Positionen wie in Tabelle 2-1 gegenüberstellen.

Vergleichende Politikwissenschaft neigt sicherlich stärker zum nomothetischen Vorgehen als zum idiographischen; dies umso mehr, wenn sie auf der vergleichenden Methode aufbaut (Jahn 2007). Fallorientierte Analysen sind weniger nomothetisch und eher idiographisch, während variablenorientierte Studien eher nomothetisch sind. Die Ambivalenz, die in der vergleichenden Politikwissenschaft vorliegt, besteht in Bezug auf den Gegenstandsbereich einerseits und den Bezug auf Variablenbeziehungen andererseits. Ist für manche der Gegenstand (geographische Einheiten) ausschlaggebend für die Identifikation, was vergleichende Politikwissenschaft darstellt, liegt bei anderen der Schwerpunkt auf der vergleichenden Methode beziehungsweise der Erfassung von Gesetzen, die die verschiedenen Variablen verbinden (Erklärung). Im ersten Fall gilt alles als vergleichende Politikwissenschaft, was mit anderen Ländern, Kulturen und Regionen zu tun hat. In diesem Sinne gehört ein deutscher Frankreichexperte in die Rubrik vergleichender Politikwissenschaftler. Im zweiten Fall gehört ein Länderexperte erst dann in das Gebiet der vergleichenden Politikwissenschaft, wenn er die vergleichende Methode zur Erkenntnisgewinnung anwendet.

Tabelle 2-1: Grundprinzipien idiographischer und nomothetischer Untersuchungsverfahren

Idiographisches Vorgehen	Nomothetisches Vorgehen
Wenige Fälle	Viele Fälle
Verstehen des Falles, oftmals ohne Kausalitäten zu ermitteln, auch unter ästhetischen Aspekten analysierend	Erklärendes Vorgehen; an Kausalitäten interessiert; Bezug auf Variablen
Am Einzelfall interessiert, Erklärung zielt typischerweise darauf ab, warum ein Ereignis eingetreten ist oder nicht	Ermittlung von allgemein gültigen Aussagen; Fokus auf statistische Zusammenhänge zwischen Ursache und Effekten
Integration von vielen Faktoren, die unterschiedlich wirken können; auch Zufällen wird ein Erklärungswert zugeschrieben	Versucht außergewöhnliche Faktoren auszublenden, um möglichst klare Kausalbeziehungen darzustellen, die prinzipielle Gültigkeit besitzen
Kontrolle über die Variablen erfolgt durch „anderes" Wissen, welches jenseits der Untersuchung zu suchen ist (Theorie, hypothetische Gedankenexperimente, impressionistisches Verständnis)	Kontrolle durch Kovarianz und partielle Korrelation, sowie durch bewusste Fallauswahl
Vergleich anhand von Fall zu Fall- Beschreibungen mit dem Ziel, auf das Allgemeine und Besondere aufmerksam zu machen	Anwendung der vergleichenden Methode, um zu Erklärungen und Vorhersagen zu gelangen

Quelle: Jahn 2007: 5.

Die vergleichende Politikwissenschaft bezieht sich also vor allem auf den nomothetischen Strang der Politikwissenschaft. Dies – wie zuvor erwähnt – weil die vergleichende Methode die entscheidende Rolle für das Selbstverständnis der vergleichenden Politikwissenschaft spielt. Was macht aber nun die vergleichende Methode aus? Dieser Aspekt wird im nächsten Abschnitt näher behandelt.

2.4 Vergleich als Methode

Wenn die vergleichende Methode und das Aufspüren von allgemein gültigen Aussagen im Vordergrund stehen, geht man davon aus, dass die Untersuchungsfälle weniger zentral in der Analyse sind. Der Vergleich als nomologische Methode rückt Variablen, und vor allem deren Verhältnis zueinander, in den Vordergrund und vernachlässigt die Besonderheit der Fälle. In einer extremen Fassung verlangen Przeworski und Teune (1982: 26-30), dass man in nomothetischen Analysen die Namen der Fälle vergessen und sie durch Variablenkombinationen ersetzen soll. Wenn wir also das Wahlverhalten in Frankreich untersuchen und feststellen, dass junge Arbeiter eher links wählen als ältere, Angestellte und Frauen und wir diesen Zusammenhang auch in Chile und Italien, nicht aber in Norwegen feststellen, wo Frauen genauso häufig links wählen wie Männer, dann soll dieser Sachverhalt nicht so beschrieben werden, dass Frauen in Frankreich, Italien, Chile eher rechts, in Norwegen aber eher links wählen. Vielmehr sollten wir uns auf die Variablen konzentrieren und zu dem Schluss kommen, dass Alter und Beruf in allen vier Ländern die Wahl linker Parteien erklären. Für Norwegen müssen wir die Variable identifizieren, die für das abweichende Verhalten verantwortlich ist, beispielsweise säkularisierte Frauen. Daraus können wir weiter schlussfolgern, dass religiöse Frauen eher rechts wählen, nicht-religiöse dagegen links. Des Weiteren wäre zu fragen, ob der Zusammenhang zwischen Religion und Wahlpräferenz linker Parteien – wenngleich auf einem höheren Niveau – auch bei Männern anzutreffen ist. Wäre das der Fall, würden nicht „norwegische Frauen", sondern Säkularisierung die erklärende Variable sein. Auf diese Art und Weise haben wir von den Fällen abstrahiert und einen sozialen Zusammenhang identifiziert.

Der wesentliche Aspekt des Vergleichs besteht in der Identifikation der *Kovarianz*. Wenngleich diese Terminologie eher der quantitativen Sozialforschung entnommen ist, kann sie jedoch ebenso gut auf Forschungsdesigns übertragen werden, die sich auf qualitative Erhebungsmethoden beziehen (King u. a. 1994: 80-81; Peters 1998: 30-31; Gerring 2001). Kovarianz bedeutet, dass ein Effekt (abhängige Variable) mit einer Ursache oder mehreren ursächlichen Bedingungen (unabhängige Variablen) systematisch variiert. So steigt mit zunehmendem gesellschaftlichen Wohlstand die durchschnittliche Lebenserwartung.

Die Analyse der Kovarianz kann nur angewendet werden, wenn beide Variablen Varianz besitzen. Das bedeutet, sie müssen unterschiedliche Ausprägungen besitzen. Besitzt eine Variable keine Varianz (etwa alle Länder sind gleich demokratisch), sind keine Kovarianzanalysen möglich. Allgemein lässt sich das Vorgehen der vergleichenden Methode durch den folgenden Leitsatz aus dem Lehrbuch von Guy Peters (1998: 30) zusammenfassen:

Maximiere die experimentelle Varianz, minimiere die Fehlervarianz und kontrolliere die externe Varianz.

Die *experimentelle Varianz* besteht aus der beobachtbaren, systematischen Varianz der abhängigen Variable, die als Resultat des systematischen Einflusses der in die Analyse einbezogenen unabhängigen Variablen gewertet werden kann.

Allgemein sollte in einer vergleichenden Analyse die abhängige Variable explizit in ihren Ausprägungen variieren. Denn ohne Varianz auf der abhängigen Variable kann keine Kovarianz mit unabhängigen Variablen entstehen. Gleiches gilt übrigens auch für die unabhängigen Variablen. Um die Effekte der unabhängigen Variablen auf die abhängige Variable zuverlässig zu erfassen, sollten die Ausprägungen der Variablen eine möglichst deutliche Varianz besitzen (*maximiere* die experimentelle Varianz).

Für die vergleichende Analyse ist die Kontrolle der *externen Varianz* noch wichtiger als die Fehlervarianz, da diese eher zu systematischen als zufälligen Fehlinterpretation führt. Die Kontrolle der externen Varianz kann als konstitutiver Bestandteil der vergleichenden Methode aufgefasst werden (Sartori 1991). Ein Fall der externen Varianz tritt beispielsweise dann auf, wenn die Varianz der abhängigen Variable nicht durch die untersuchten unabhängigen Variablen erklärt wird, sondern durch einen nicht in die Untersuchung aufgenommen Faktor. Dieser Fehlschluss, der aus der Nichtberücksichtigung einer wesentlichen Variable besteht, wird *omitted variable bias* genannt.

Das Problem der externen Varianz, also die Nicht-Aufnahme aller relevanten Erklärungsfaktoren (unabhängige Variablen), kann nur durch das Zusammenspiel von Theorie und Empirie gelöst werden. Wie die meisten Methoden ist auch die vergleichende Methode von pre-existenten Relevanzkriterien abhängig, die durch analytische Konzepte, Thesen und Theorien vorgegeben werden. Diese können zwar von der Methode getestet, nicht aber von dieser selbst entdeckt werden (Faure 1994: 313). Allerdings können durch empirische Analysen etablierte Konzepte, Thesen und Theorien ausgefeilt, verändert und gar falsifiziert werden.

Andere Möglichkeiten, die externe Varianz zu minimieren, können im Forschungsdesign angelegt werden, zum Beispiel durch die Analyse von Zeitreihen oder die Untersuchung ähnlicher Fälle. So bietet beispielsweise eine Untersuchung auf der subnationalen Ebene, wie der Vergleich der Bundesländer, eine Möglichkeit, viele Aspekte – unter anderem politische Kultur, Sprache, Verständnis von Begriffen – auszublenden, da diese konstant sind. Diese Logik wird im später erläuterten *most similar systems design* angewandt.

Die *Fehlervarianz* ist ein Resultat von zufälligen Ereignissen und Fehlern bei der Erfassung der Ausprägung von Variablen. Darunter fallen alle Aspekte, die durch die unsystematischen Komponenten eines Konzepts in die Untersuchung eingeflossen sind. Neben trivialen Fehlern wie falsche Dateneingabe, Missverständnisse im Interview, Fehler bei der Informationssammlung etc. können auch systematische Fehler zur Fehlinterpretation führen. Derartige systematische Fehler sind gravierender, da sie zu systematischen Verzerrungen und damit Fehlinterpretationen führen. Der Zusammenhang von Variablen wird jedoch durch komplexe Zusammenhänge oftmals verschleiert. Es können zum Beispiel komplizierte konfigurative Zusammenhänge entstehen, wenn ein Ereignis nur unter Bedingung A *und* B auftritt. Man kommt zum Beispiel nur pünktlich zur Vorlesung, wenn man selbst rechtzeitig zum Bus geht und dieser dann auch pünktlich ist. Schließlich können unterschiedliche Bedingungen zum gleichen Ergebnis führen. So beziehen manche Menschen im Alter eine gesetzliche Rente, andere leben von ihrem Vermögen. Sicher ließen sich weitere dieser Zusammenhänge finden. Das wesentliche Ziel besteht jedoch darin, bei allen verschiedenartigen Zusammenhängen die systematische Varianz, die zwischen Effekt und Ursache besteht, zu identifizieren.

Vor allem stellt die zeitliche Abfolge von Ursache und Effekt die nomothetische Anwendung der vergleichenden Methode vor große Herausforderungen, da diese Kausalprozesse nur schwer zu identifizieren und für die Untersuchung zu modellieren sind (Pierson 2004). Darüber hinaus sind die untersuchten Fälle in vergleichenden Analysen oftmals von Interesse. Diese stellen sich bei der ländervergleichenden Untersuchung heterogener und weniger zahlreich dar als etwa bei der Untersuchung von Individuen. Diese Faktoren führen dazu, dass häufig nicht gänzlich von den Fällen abstrahiert werden kann und somit auch in der vergleichenden Methode idiographische Aspekte eine – wenngleich nicht dominante – Rolle spielen.

Bei der Anwendung der vergleichenden Methode haben sich unterschiedliche Strategien entwickelt, die im Kapitel 4 näher beschrieben werden. Zunächst stehen im nächsten Kapitel die Eigenschaften der Gegenstandsbereiche, die verglichen werden, im Vordergrund.

Weiterführende Literatur

King u.a. (1994)
Das Buch ist sicherlich eines der wegweisendsten Bücher hinsichtlich des Aufbaus eines sozialwissenschaftlichen Forschungsdesigns. Es stellt in umfangreichem und reflektiertem Ausmaß die Bedeutung der Fragestellung und anderer wesentlicher Elemente des Forschungsprozesses für eine Untersuchung dar. Dabei werden aus einer nomothetischen Perspektive Anleitungen für qualitative Forschung gegeben, die zum Ziel haben gemeinsame sozialwissenschaftliche Standards anzugeben. Eine unentbehrliche Pflichtlektüre.

Lijphart, Arend (1971 und 1975)
In diesen beiden Aufsätzen stellt Lijphart die vergleichende Methode in dem Kanon der wissenschaftlichen Methoden dar. Diese Grundgedanken besitzen auch heute noch ihre Gültigkeit. Für eine Weiterentwicklung dieser Gedanken siehe vor allem Collier (1993).

Mayer, Lawrance (1989)
Der Autor geht in seiner Abhandlung von den nomothetischen Selbstansprüchen der vergleichenden Politikwissenschaft aus und unterzieht die Literatur dahingehend einer kritischen Würdigung. Dabei bezieht sich Mayer auf wesentliche Kriterien der vergleichenden Methode.

Peters, B. Guy (1998)
Leicht lesbare Einführung in die vergleichende Politikwissenschaft. Der Autor konzentriert sich dabei auf Aspekte des Forschungsprozesses, indem er wesentliche theoretische und methodologische Elemente darstellt und diskutiert. Besonders für Anfänger geeignet.

Ragin, Charles (1987)
In diesem Werk wird insbesondere auf das Spannungsfeld von nomothetischer und idiographischer Perspektive im Zusammenhang mit einer variablen- bzw. fallorientierten Vorgehensweise hingewiesen. Dabei entwickelt Ragin darüber hinaus die Logik und Technik der qualitativ-vergleichenden Analyse (QCA).

Sartori, Giovanni (1984; 1991)
Diese Aufsätze machen auf wesentliche Aspekte der vergleichenden Methode aufmerksam und verweisen eindrucksvoll auf in die Irre führende Praktiken. Während der erste Aufsatz sich vor allem auf den analytischen Aspekt der Konzepte bezieht, untersucht der zweite Aufsatz die wesentlichen Aspekte der vergleichenden Methode.

Smelser, Neil J. (1976)
Dieses Buch stellt eine grundlegende Einführung in die vergleichende Methode in den Sozialwissenshaften dar und stellt auch heute noch einen Grundlagentext dar.

3 Was vergleichen?

In diesem Kapitel soll der Frage nachgegangen werden, was in der vergleichenden Politikwissenschaft verglichen werden kann. Diese Frage bezieht sich auf zwei Aspekte: einen methodischen Aspekt und einen inhaltlichen, wobei in diesem Kapitel der methodische Aspekt im Vordergrund steht. In diesem Zusammenhang soll erörtert werden, was vergleichbar ist und mit welchen Mitteln es verglichen werden kann. Der inhaltliche Aspekt der Frage wird im letzten Abschnitt dieses Kapitels angesprochen. Da der Gegenstandsbereich sehr umfassend ist, kann an dieser Stelle lediglich ein Überblick über einige weiterführende Publikationen gegeben werden.

3.1 Vergleichbarkeit

Was ist vergleichbar? Manche Bereiche scheinen kein Problem darzustellen. Wenn wir uns darauf einigen, dass der Wohlstand von Ländern anhand des Bruttoinlandsproduktes (BIP) gemessen werden kann, lässt sich der Wohlstand der USA leicht mit dem der Schweiz und Japan vergleichen. Die USA erwirtschafteten 2005 ca. 12.422 Milliarden Dollar (USD), die Schweiz 463 Milliarden Franken und Japan 503.845 Milliarden Yen. Bedeutet dies nun, dass Japan das reichste Land und die Schweiz das ärmste dieser drei Länder ist? Um die Zahlen vergleichbar zu gestalten, bedarf es der Umrechnung in eine einheitliche Währung, etwa in EURO. Das Ergebnis zeigt, dass nun die USA das reichste Land mit 9.611 Milliarden EURO ist, gefolgt von Japan (4.240 Milliarden) und der Schweiz (308 Milliarden). Um Vergleichbarkeit gewährleisten zu können, haben wir von den einzelnen Landeswährungen ein weiteres Kriterium (hier EURO) benutzt. Es müssen also Kriterien für die Durchführung der Vergleiche existieren, die die zu vergleichenden Phänomene gemeinsam besitzen und die vergleichbar erfasst werden können. Wenn wir also zwei Phänomene vergleichen wollen, müssen wir ein Kriterium (*tertium comparationis*) finden, mit dem wir den Vergleich durchführen können. *Tertium comparationis* [latein = das Dritte der Vergleichung] steht für das dritte Glied eines Vergleichs, das Gemeinsame (Dritte), in dem zu vergleichende Sachverhalte oder Begriffe übereinstimmen.

Ein *tertium comparationis* kann sehr offensichtlich sein, wie die Erfassung des Reichtums eines Landes zeigt. Dabei ist es unerheblich, ob die gewählte Einheit auf Eigenschaften eines Landes bezogen ist, etwa das Bruttosozialprodukt in Dollar, EURO oder einer anderen Währung, oder ob es sich um neutrale Einheiten handelt (Kilogramm, Liter etc.). Für manche Forschungsbereiche müssen *tertia comparationis* entwickelt werden. Hierzu werden dann oftmals Indizes (Zusammenfassung mehrerer Indikatoren) oder Skalen (Zuweisung von Zahlenwerten) entwickelt.

Allerdings garantiert nicht jedes *tertium comparationis* für alle Fragestellungen einen sinnvollen Vergleich. Unter gewissen Umständen ist es relevant, die gesamte Wirtschaftskraft eines Landes zu benutzen, wollen wir jedoch den Wohlstand eines Landes einschätzen, könnte es sinnvoller sein, das BIP auf andere Weise noch weiter zu standardisieren. Gebräuchlich ist hierfür das gesamte BIP durch die Bevölkerungszahl zu dividieren. Nach diesem Kriterium ist nun die Schweiz (41.067 EURO) das wohlhabendste Land, gefolgt von Japan (33.187) und den USA (32.360).

Das Beispiel verdeutlicht, dass selbst bei einem einfachen Vergleichskriterium noch verschiedene Aspekte beachtet werden müssen, wie Forschungsgegenstände – in Bezug auf eine bestimmte Fragestellung – sinnvoll verglichen werden können. Allerdings ist in diesem Beispiel das generelle Vergleichsverfahren unstrittig. Anders verhält es sich bei vielen politikwissenschaftlich relevanten Fragestellungen. Wie kann man Wahlsysteme wie das Mehrheitswahlsystem in Großbritannien und das Verhältniswahlsystem in den Niederlanden, das Zweitstimmenwahlsystem in Deutschland oder das höchst komplizierte *single transferable vote system* in Irland miteinander vergleichen? Bevor wir ein *tertium comparationis* für diesen Bereich angeben, soll zunächst anhand der Vergleichbarkeit von Äpfeln und Birnen sowie Affen und Steinen die Problematik verdeutlicht werden (Sartori 1991).

Vergleichbar sind Dinge, wenn sie sogleich Gemeinsamkeiten als auch Unterschiede aufweisen. Lassen sich für Dinge übergreifende Kategorien finden, so können sie auch verglichen werden. So sind Äpfel und Birnen Früchte, die beide zum Beispiel als Nahrung dienen können. Auf dieser Grundlage lassen sich dann Vergleichskriterien finden, wie Saftgehalt (in Kubikzentimeter) oder Vitamingehalt. Bei Affen und Steinen lässt sich keine gemeinsame Kategorie finden. Zwar könnten deren Umfang oder Gewicht gemessen und verglichen werden, allerdings würde dies keinen unmittelbaren Sinn machen. Das Problem der Vergleichbarkeit besteht darin, ab wann Dinge tatsächlich gleich sind und wann ihre Unterschiedlichkeit wirklich beginnt. Dabei liegen die beiden Extrempunkte außerhalb der Logik des Vergleichs. Sind zwei Phänomene in allen Punkten gleich, so sind sie identisch und es existiert keine Grundlage für einen Vergleich. Gleiches gilt, wenn sich beide Phänomene fundamental voneinander unterscheiden und keine sinnvollen Vergleichskriterien gefunden werden können. Dazwischen liegt das Feld für systematische Vergleiche, wenngleich auch hier noch genügend konzeptionelle Hürden und Messprobleme auftauchen können.

So lassen sich die Wahlsysteme durchaus vergleichen. Allein der Begriff Wahlsysteme weist daraufhin, dass sie einer gemeinsamen Klasse (Wahlsysteme) angehören. Auch finden sich Vergleichskriterien, die sich etwa an der Funktionen von Wahlen orientieren. So kann die Proportionalität zwischen Stimm- und Sitzabgabe zum Vergleich herangezogen werden. Dieser zeigt, dass die Abweichung zwischen Stimmenzahl und Parlamentssitzen in den Niederlanden, Dänemark und Schweden besonders gering ist, in Großbritannien, Kanada und Frankreich dagegen besonders hoch. Das Proportionalitätskriterium als *tertium comparationis* zu verwenden, beinhaltet jedoch eine Verzerrung (*bias*). Denn das Proportionalitätskriterium steht im Mittelpunkt bei der Entwicklung von Verhältniswahlsystemen. Mehrheitswahlsysteme rücken jedoch oftmals andere Kriterien, wie das Effizienz- und Zurechenbarkeitskriterium (*accountability*) in den Vordergrund. In diesem Zusammenhang wäre ein adäquates *tertium comparationis* die Schaffung von Einparteienregierungen mit einer langen Lebensdauer. Unter diesem Aspekt schneiden die USA, Kanada und Großbritannien am effizientesten ab.

Bei dieser Gegenüberstellung von Vergleichskriterien wird deutlich, dass mehr oder weniger implizite Wertmaßstäbe eine Rolle spielen, wie der Vergleich ausfällt. Werden zum Beispiel Vergleichsmaßstäbe von einer Kultur auf eine andere übertragen, wie dies häufig in der westlich orientierten Forschung über Entwicklungsländer in Afrika, Asien und Lateinamerika geschieht, entsteht eine kulturelle Verzerrung, was als *Ethnozentrismus* bezeichnet wird.

Damit manche Begriffe und Konzepte für unterschiedliche Kontexte (z.B. Länder) gelten, muss sichergestellt werden, dass sie in unterschiedlichen Kontexten ähnliche Bedeutung besitzen. Man sagt, dass Begriffe und Konzepte „reisen" (*travelling*) können müssen. Auf der begrifflichen Ebene kann in Bezug auf die Erfassung von Konzepten von der *Extension* und der *Intension* gesprochen werden. Extension bezeichnet die Ausdehnung des Konzepts, so dass es für möglichst viele Fälle gilt. Der Begriff der Intension erfasst die Anzahl der Attribute, mit denen ein Konzept erfasst wird. Als allgemeine Regel kann festgestellt werden, dass je mehr Attribute in eine Definition aufgenommen werden, desto weniger generell ist das Konzept und trifft infolgedessen auf weniger Fälle zu. Dieser prinzipielle Zusammenhang zwischen Konkretisierung und Reichweite der Konzepte bedarf jedoch noch einiger Ergänzungen, auf die im Folgenden eingegangen werden soll.

Der Begriff des „korporativen Pluralismus", d.h. das koordinierte Zusammenspiel von Arbeitgebern, Gewerkschaften und dem Staat (auch Korporatismus genannt), wurde zum Beispiel im Kontext der norwegischen Politik entwickelt (Rokkan 1966) und dürfte wahrscheinlich nur dort uneingeschränkt gültig sein. Wenn ein solches Konzept auf andere Staaten übertragen werden soll, muss sich der Grad der Generalisierung erhöhen. Einige Aspekte des Konzepts, die insbesondere auf den norwegischen Kontext zutreffen, müssen so formuliert werden, dass sie auch in anderen nationalen Kontexten wiedergefunden werden können. Es werden also spezifische Aspekte des Konzepts aufgegeben und dabei versucht, den Kernbereich des Konzepts freizulegen. Durch dieses Verfahren steigern wir die Generalisierung des Konzepts und somit auch dessen Anwendbarkeit. Mit steigender Generalisierung verlieren Konzepte aber meistens gleichzeitig an analytischer Schärfe und Eindeutigkeit. Wenn Konzepte so weit ausgedehnt werden, dass sie empirische Sachverhalte nicht mehr erfassen können oder alle Einheiten die Kriterien erfüllen, sprechen wir von *concept stretching* oder besser *overstretching* (Sartori 1991: 249). So wurde der Begriff „Demokratie" unterschiedlich definiert. Dehnt man den Begriff der Demokratie aus und betrachtet Wahlen als konstitutives Merkmal (Wahldemokratie), so sind Staaten demokratisch, wenn sie Wahlen zulassen, in denen Parteien um politische Ämter konkurrieren können. Unter diesem Aspekt sind viele Länder demokratisch und es besteht kein Unterschied zwischen den USA, Deutschland, Italien und Schweden. Da zwischen den hoch industrialisierten Ländern keine Varianz in der Variablen „Demokratie" besteht, wäre es unsinnig, diese Variable in eine Untersuchung dieser Länder aufzunehmen. Somit besteht ein wesentlicher Aspekt der vergleichenden Politikwissenschaft darin, die Konzepte so auszutarieren, dass sie sowohl konkret genug sind, um sie empirisch unmissverständlich zu erfassen, als auch allgemein genug sind, um sie in möglichst allen für die Untersuchung empirisch relevanten Fällen wiederzufinden. So wurde der Demokratiegrad in einer neuen Untersuchung der Bertelsmann Stiftung so definiert, dass Aspekte des Wahlprozesses, der Zugang zu Informationen, die Bürgerrechte und die Rechtstaatlichkeit in einen Index einflossen (Novy u.a. 2009). Anhand dieser Erfassung von Demokratie sind Finnland, Norwegen, Schweden und die Niederlande besonders demokratisch und andere hoch entwickelte Industrienationen, wie Japan, Italien, Südkorea, Griechenland, Polen, Mexiko und allen voran die Türkei besitzen gewisse Defizite. Von den 30 untersuchten OECD-Ländern nimmt die Schweiz den sechsten, Deutschland den siebten und Österreich 15. Platz ein. Da dieses Konzept von Demokratie Varianz innerhalb der hoch entwickelten Länder zulässt, kann es – im Gegensatz zum Konzept der Wahldemokratie – als eine Variable für die OECD-Länder verwendet werden.

Die Vergleichbarkeit ist jedoch nicht nur auf die Vergleichsgegenstände beschränkt, sondern auch auf die Mechanismen, die die Gegenstände verbinden.

3.2 Vergleichsmechanismen

Zwei oder mehrere politische Phänomene sind durch bestimmte Arten von Mechanismen miteinander verbunden. Dies wird meistens mit dem Begriff der *Kausalität* (ein Aspekt ist die Ursache für einen anderen) erfasst. Bevor wir jedoch auf diesen sehr zentralen Begriff wissenschaftlichen Arbeitens näher eingehen, sollen zunächst einige Grundregeln wissenschaftlichen Arbeitens vorgestellt werden.

Das Hauptelement des Forschungsprozesses besteht in der Übertragung der Forschungsfrage in ein Modell von unabhängigen Variablen ($X_1, X_2, X_3, X_4 \ldots X_k$), die die abhängige Variable (Y) erklären. In der einfachsten Form steht die Beziehung zwischen einer unabhängigen Variable (auch: *explanans*) (X_1) und einer abhängigen Variable (*explanandum*) (Y) im Mittelpunkt des Forschungsinteresses. Da zwei Variablen aufeinander bezogen werden, nennt man diese Zusammenhangsuntersuchung auch bivariate Analyse. Fließen mehrere unabhängige Variablen in die Untersuchung ein, spricht man von multivariaten Analysen. Doch selbst ein einfaches bivariates Modell ist bereits komplex, weil die Konzepte X und Y nicht unmittelbar erfasst werden können, sondern lediglich über Indikatoren (x und y) erschlossen werden. Graphisch lässt sich dieser Sachverhalt wie in Abbildung 3-1 erfassen.

Um etwas über die Beziehung zwischen $X \Rightarrow Y$ aussagen zu können, untersuchen wir die Beziehung zwischen $x \Rightarrow y$, über die wir Daten erheben können. Wir schließen (*Inferenz*) also von x auf X und von y auf Y, um durch die Beziehung $x \Rightarrow y$ Aussagen über die Beziehung $X \Rightarrow Y$ treffen zu können. Die beiden Ebenen machen unterschiedliche Argumentationssprachen erforderlich: eine theoretisch-analytische ($X \Rightarrow Y$) und eine empirisch-operationale Sprache ($x \Rightarrow y$), die voneinander unterscheidbar sein müssen.

Abbildung 3-1: Eine einfache Forschungssituation

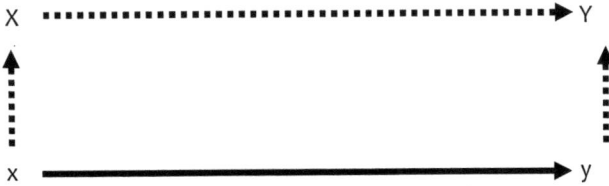

Erklärung: Gestrichelte Linie bezeichnet Inferenzen; fette Linie beobachtbare Zusammenhänge.

In der vergleichenden Politikwissenschaft verkompliziert sich dieser Zusammenhang, weil systematische Vergleiche zwischen verschiedenen Fällen oder Beobachtungen stattfinden. Für zwei Beobachtungen ergibt sich bereits folgendes Bild:

Abbildung 3-2: Forschungssituation in der vergleichenden Politikwissenschaft

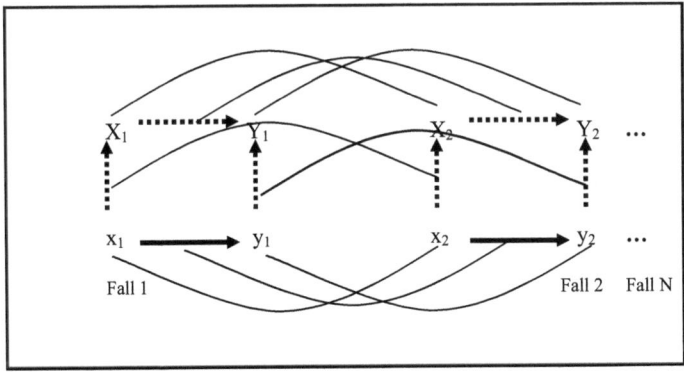

Neben dem bisher behandelten Inferenzproblem von $x \Rightarrow y$ auf $X \Rightarrow Y$ ergibt sich nun zusätzlich die Aufgabe, die konzeptionelle Ähnlichkeit zwischen X_1/X_2; Y_1/Y_2; $a1/a2$ und y_1/y_2 zu gewährleisten. Das analytische Konzept (X und Y) und seine Operationalisierung (x und y) müssen also die gleiche Bedeutung in Beobachtung (oder

Fall) 1 und 2 besitzen, d.h., die Konzepte müssen – wie oben dargestellt – "reisen" können. Die Komplexität der Forschungspraxis wird in der vergleichenden Politikwissenschaft erhöht, indem meistens nicht nur zwei, sondern mehrere Fälle betrachtet werden und oft auch nicht nur zwei, sondern mehrere Variablen untersucht werden.

Kausalität bedeutet, dass die unabhängige Variable die abhängige Variable ursächlich bedingt. Dieser einfache Sachverhalt ist in den Sozialwissenschaften jedoch äußerst schwierig nachzuweisen: "Our uncertainty about causal inference will never be eliminated" (King u.a. 1994: 76). Das liegt daran, dass Kausalität viele Formen annehmen kann und man *Kovarianz* und *Korrelation*, also den Zusammenhang zwischen zwei Variablen, nicht mit Kausalität gleichsetzen darf. Kovarianz bedeutet, dass ein Phänomen mit einem anderen auftritt bzw. sich mit diesen gemeinsam verändert. Hinzu kommt das oben beschriebene Problem, dass Kovarianz auf der empirisch-operationalen Ebene und nicht auf der theoretisch-analytischen Ebene identifizierbar ist.

Kausalität nimmt in den seltensten Fällen die Form X bedingt Y an. Selbst bei dieser einfachen Kausalität wäre noch zu klären, ob die Kausalität irreversibel (wenn X dann Y, aber nicht wenn Y dann X) und synchron (Beeinflussung findet zum gleichen Zeitpunkt statt) ist. Oftmals ist Kausalität diachron (zeitlich versetzt). Wenngleich eine kurze zeitliche Verschiebung zwischen Ursache und Ereignis für Kausalbeziehungen zwingend notwendig ist, so können längere Zeitverschiebungen dazu führen, dass die Kausalbeziehung schwer erkennbar wird (struktureller Determinismus oder Pfadabhängigkeit). Auch können Zusammenhänge reversibel sein (wenn X dann Y und wenn Y dann X), was zur Endogenität des Forschungsdesigns führt, so dass die unabhängige Variable nicht wirklich unabhängig von der abhängigen Variable ist. Paul Pierson (2004: 81) hat die Problematik von Langzeiteffekten unabhängiger und abhängiger Variablen herausgearbeitet (siehe Tabelle 3-1).

Die meisten Forschungen gehen von einer direkten Abfolge der Ereignisse aus (Zelle I). Viele Forschungsdesigns sind wie ein Tornado aufgebaut. Dieser entwickelt sich schnell und seine Effekte (Zerstörung) zeigen sich ebenfalls schnell. In der Sozialwissenschaft dominieren jedoch meistens langfristige Prozesse. Wie bei einem Erdbeben oder auch Vulkanausbruch kann der Erddruck über Jahrzehnte oder länger entstehen und entlädt sich plötzlich und hat dann – ebenso wie ein Tornado – relativ unmittelbare Effekte (Zelle III). Langfristige Entwicklungen wie die technologische Entwicklung können zu einer gesellschaftlichen Veränderung führen, wie es Daniel Bell (1999) anhand der Entwicklung der postindustriellen Gesellschaft dargestellt hat. Den Effekten liegen verschiedene Prozesse (Erfindungen, Produktionstechniken, Konsumverhalten), also Kausalketten, zugrunde, die sich in Effekten auswirken, nachdem ein Schwellenwert überschritten wird. Eine solche Entwicklungslogik wurde von der Revolutionstheorie vertreten. Lang andauernde Prozesse (Entwicklung der Produktivkräfte bzw. demographischer Wandel) führen zu plötzlichen Veränderungen der Herrschaftsverhältnisse (Revolution). Anders verhält es sich mit einem Meteoriteneinschlag, der plötzlich und kurz auftritt, dessen Folgen aber langfristig sind. Der Meteoriteneinschlag kann zu einer Klimaveränderung führen, die die Ausrottung von Spezies zur Folge hat, durch die wiederum die Entwicklung von Säugetieren ermöglicht wird (Zelle II). Eine soziale Revolution kann Ausgangspunkt für eine neue Gesellschaftsordnung sein, die sich dann von mehr Gleichheit zum Totalitarismus entwickeln kann. Auch der Terroranschlag auf das *World Trade Center* (plötzliches Ereignis) hat lang anhaltende Kausalketten hervorgerufen (neue Sicherheitspolitik, Krieg im Irak und Spannungen mit anderen Ländern, verändertes Reiseverhalten etc.). Schließlich können Zusammenhänge von langfristigen Prozessen bestimmt werden, wie etwa die andauernde Klimaerwärmung durch Umweltbelastungen, welche zu einer allmählichen globalen Erwärmung führt (Zelle IV). Die Gesellschaftsanalyse von Habermas (1981) oder Lutz (1984) beleuchtet den Prozess der Erosion traditioneller Umgangsformen, die eine langfristige Unterminierung der Legitimation und des Wachstumspotenzials moderner Gesellschaften nach sich zieht (siehe auch Putnam 2000). Auch Max Webers (2000) Studien zur Entstehung des Kapitalismus gehen von langfristigen Sozialisationsprozessen (innerweltliche Askese) aus, die dann allmählich zu Verhaltensveränderungen mit gesellschaftspolitischen Konsequenzen führen (kapitalistisches Verhalten). Weber betont in seiner Analyse, dass die ursächlichen Kausalketten (religiöse Motive) längst abgestorben sein können, während sich die Kausalkette der abhängigen Variable (gewinnorientiertes Handeln) noch – bis hin zur Perversion – fortsetzt („Genussmensch ohne Herz").

Tabelle 3-1: Zeiteffekte zwischen Bedingungen und Effekte

		Zeithorizont der Effekte (abhängige Variable)	
		Kurz	Lang
Zeithorizont der Bedingungen (unabhängige Variable)	Kurz	I Tornado (unmittelbare Effekte)	II Meteorit/Ausrottung (Kumulative Effekte)
	Lang	III Erdbeben (Schwellenwerte, Kausalketten)	IV Globale Erwärmung (Kumulative Bedingungen und Effekte)

Quelle: Pierson 2004: 81 und eigene Ergänzungen.

Wie schon angedeutet, ist Kausalität oftmals nicht bivariat (eine unabhängige Variable übt Einfluss auf die abhängige Variable aus), sondern multivariat (mehrere unabhängige Variable wirken in unterschiedlichem Ausmaß auf die abhängige Variable ein). Einflüsse können auch indirekt stattfinden, z.B. dass X kaum Einfluss auf Y hat, aber X Einfluss auf Z nimmt und Z wiederum starken Einfluss auf Y hat. Ein Zusammenhang kann sich auch als eine *Scheinkorrelation* erweisen, dass also X hoch mit Y korreliert, aber Y eigentlich durch Z verursacht wird, mit dem X ebenfalls korreliert. Finden wir einen Zusammenhang zwischen hohem Storchenaufkommen (X) und hoher Geburtenrate von Menschenkindern (Y), bedeutet das nicht zwangsläufig, dass Störche Kinder zur Welt bringen oder auf andere Art und Weise in diesen Prozess involviert sind. Es könnte auch daran liegen, dass ein besonders warmer Sommer (Z) zu beiden Ereignissen geführt hat oder dass in ländlichen Gebieten (Z') sowohl das Storchenaufkommen höher ist als auch die Verhütungsmethoden weniger verbreitet sind, was die höhere Geburtenrate dort gegenüber anderen Gebieten erklären würde.

Kausalität kann unterschiedlichen konfigurativen Bedingungen unterliegen („Viele Wege führen nach Rom."). Das bedeutet, dass in einem Fall eine bestimmte Kausalität zugrunde liegt, im anderen Fall jedoch eine andere. Dieser Sachverhalt der *Äquifinalität* oder multiplen Kausalitäten kann durch das Identifizieren von Variablenmustern und das Nachverfolgen von Ereignisketten analysiert werden. Eine solche Analyse richtet den Blick stärker auf fallinterne Analysen.

Die Analysestrategie des *process tracing* formalisiert dieses Verfahren, in dem Kausalitätspfade eines Ereignisses nachgezeichnet werden (George/Bennett 2005: Kapitel 10). Im Gegensatz zum *pattern matching*, das vor allem entfaltete Muster untersucht, liegt der Schwerpunkt beim *process tracing* in der historischen Dimension. Der Vorteil des *process tracing* besteht darin, dass zeitlich weit auseinander liegende Ereignisse aufeinander bezogen werden können. Dabei können Scheinkorrelationen und Äquifinalitäten durch die Prozessanalyse aufgedeckt werden. Die Forschungslogik, die hinter dem *process tracing* zu finden ist, besteht darin, dass der einzelne Fall in unterschiedliche Etappen aufgeteilt und für jeden Etappenschritt die Kausalität oder zumindest das Beziehungsgeflecht dargelegt und interpretiert wird. Damit werden innerhalb des Falls die Beobachtungspunkte erhöht, was einer gesteigerten Anzahl von „Beobachtungsfällen" (streng gesprochen Beobachtung als Analyseeinheit) entspricht. Für die Verbindungsverhältnisse dieser einzelnen Beobachtungspunkte können entsprechende Hypothesen aus der Theorie abgeleitet werden. Falls sich die Hypothesen einer Theorie anhand vieler Beobachtungen bestätigen, ist diese Theorie glaubwürdiger als wenn der Fall anhand nur einer einzelnen Beobachtung erklärt wird.

Eine besondere Schwierigkeit des Vergleichs besteht darin, dass nicht immer die gleichen Phänomene als Ursache für ein Ereignis verantwortlich sind. So kann in einem politischen System der Monarch das repräsentierende Staatsoberhaupt sein und in einem anderen der – dann zumeist indirekt – gewählte Präsident. Der Präsident wäre ein *funktionales Äquivalent* zum Monarchen und umgekehrt. Beim Vergleich von komplexeren politischen Prozessen bedeutet dies, dass sichergestellt werden muss, dass die analytischen Konzepte ähnliche Bedeutungen und Wirkungskraft in verschiedenen Kontexten besitzen. Dieser Sachverhalt wird von Robert Locke und Kathleen Thelen (1995; sie auch van Deth 1998) mit dem Begriff *analytische Äquivalenz* erfasst. So kann eine Untersuchung, die einen Indikator für alle Länder gleichgerichtet benutzt, irreführend sein. Beispielsweise stellt in der Umweltpolitik der Indikator Wasserverbrauch eine Umweltbelastung dar. Allerdings hat dieser Aspekt in wasserarmen Regionen (Südeuropa, Afrika) eine andere Bedeutung als in Regionen, in denen Wasser fast unbegrenzt zur Verfügung steht (Kanada, Skandinavien). Andererseits ist die umweltfreundliche Energiegewinnung in Kanada und Skandinavien wichtiger als der Wasserverbrauch, da strenge Winter einen hohen Energieverbrauch verursachen. Dieser kann durch effiziente und umweltschonende Energienutzung oder andere Maßnahmen (Isolierung von Gebäuden etc.) erbracht werden. Dieses Beispiel verdeutlicht, dass in einem Fall die Reduzierung des Wasserverbrauchs als Hauptindikator für eine erfolgreiche Umweltperformanz gelten kann und im anderen Fall die Reduzierung der Schadstoffe durch effiziente Energienutzung. So kann ein Vergleich von gleichen Dingen weniger aussagekräftig sein als ein Vergleich von verschiedenen Dingen.

Eine weitere wesentliche Unterscheidung von Kausalität besteht in der Art der Ursache. In diesem Bereich lassen sich Funktion, Diffusion und Übernahme unterscheiden (Ross/Homer 1976; Jahn 2009b). Die meisten ländervergleichenden Studien in der Politikwissenschaft gehen von *funktionalen* Zusammenhängen aus. Das bedeutet, dass Institutionen, Prozesse und Rahmenbedingungen der jeweiligen Fälle (etwa Ländern) Einfluss auf die abhängige Variable haben. Dieser funktionale Zusammenhang wird in voneinander unabhängigen Fällen untersucht. Allerdings sind die Zusammenhänge nicht immer funktional. Manche Phänomene können durch Übernahme installiert werden. Wesentliche Aspekte des politischen Systems der Bundesrepublik Deutschland der Nachkriegszeit sind nicht das Ergebnis funktionaler Zusammenhänge innerhalb des politischen Systems der Bundesrepublik, sondern das Ergebnis der Nachkriegspolitik der Alliierten. Eine *Übernahme* von politischen Phänomenen liegt vor, wenn diese durch Kontakt zwischen Gesellschaften entstehen und *keine* funktionale Grundlage besitzen. Die Einrichtung von politischen Systemen nach dem Westminsterprinzip durch die britische Kolonialmacht in afrikanischen Staaten ist ein Beispiel für eine solche Übernahme (Young 1994). Zwischen der Übernahme und dem funktionalen Zusammenhang steht noch die *Diffusion*. Sie stellt die Verbreitung von politischen Phänomenen durch Kontakt auf der Grundlage von funktionalen Zusammenhängen dar. Beispielsweise kann Demokratie durch Kontakt von einer Gesellschaft auf die andere übertragen werden. Dies ist jedoch nur dann erfolgreich, wenn die übernehmende Gesellschaft gewisse, dann funktionale, Bedingungen erfüllt, wie etwa hoher Bildungsgrad, ein gewisses Wohlstandsniveau oder politische Traditionen (Lipset 1959). Diese Art von Zusammenhängen trifft man in der gegenwärtigen vergleichenden Politikwissenschaft wohl am häufigsten an.

Diffusion ist eine Herausforderung für die vergleichende Politikwissenschaft, da sie funktionale Zusammenhänge unterläuft. Das bedeutet, dass ein Phänomen (etwa die Privatisierung der Bahn in Land A) nicht durch einen funktionalen Zusammenhang (etwa neoliberale Regierung in Land A), sondern durch diffusionale Einflüsse (Land B privatisiert die Bahn und hat Erfolg damit, also privatisiert auch Land A) erklärt werden kann. Methodisch wäre dieser Zusammenhang für eine funktionale Interpretation problematisch, da die Untersuchungseinheiten (Land A und B) nicht unabhängig voneinander sind. Dieses methodische Problem wird unter dem Titel *Galton-Problem* diskutiert.

Um das Galton-Problem zu vermeiden, wurde in vielen Textbüchern geraten, nur wirklich unabhängige Fälle (Länder) in eine Untersuchung aufzunehmen. Das *most different systems design* (siehe 4.1.1) kommt dieser Forderung nach, indem möglichst unterschiedliche Gesellschaften untersucht werden, die vermutlich keinen engen Kontakt miteinander haben. Allerdings nehmen die Diffusionsprozesse weltweit immer weiter zu. Die neuerlich diskutierte Globalisierung verstärkt dieses Problem. Schon die Erfahrungen mit Fernsehprogrammen wie MTV und CNN machen deutlich, dass die Welt Globalisierungstendenzen unterworfen ist. Erfahrungen und Ansichten sind nicht mehr regional begrenzt, sondern verbreiten sich schnell über den ganzen Erdball. Diese Globalisierungstendenzen gibt es natürlich auch in der Politik. Methodisch wird dies zum Problem, weil nicht mehr uneingeschränkt davon ausgegangen werden kann, dass gewisse Veränderungen der abhängigen Variablen von fallimmanenten Faktoren funktional verursacht werden, sondern vielmehr das Ergebnis globaler Prozesse sind.

Neben dem *most different systems design* ist es ebenfalls möglich Diffusionseinflüsse in statistischen Zusammenhangsanalysen zu berücksichtigen, indem zusätzliche Variablen zur Erfassung der Diffusion einbezogen werden. Dies können Informationen über die Kontakte zwischen Nachbarländern oder über die Intensität von Handelsbeziehungen sein. Eine weitere Möglichkeit zur Erfassung von Diffusionsprozessen besteht darin, die Ausprägung einer wesentlichen Variable – etwa der abhängigen Variable – in einem eng verbundenen Land (mit dem das Fokusland beispielsweise einen regen Handelsaustausch besitzt) als unabhängige Variable in das Analysemodell aufzunehmen (Jahn 2006b; 2009b; Franzese/Hays 2009). Je nach Fragestellung sind auch andere Variablen zu berücksichtigen: etwa die Länderfamilien, durch die man kulturelle Nähe mit politischen Konsequenzen in Beziehung setzen kann, die Mitgliedschaft in internationalen Organisationen (UN, EU, OECD etc.) oder die Partizipation an internationalen Abkommen. Die Wirkungsmechanismen, die die Diffusion bestimmen, können anhand von Lernprozessen, Nachahmung, Zwang, Wettbewerb etc. erfasst werden (Braun/Gilardi 2006).

3.3 Gegenstandsbereiche

Die Aspekte, die in der vergleichenden Politikwissenschaft verglichen werden können, sind unerschöpflich. Mark Irving Lichbach und Alan S. Zuckerman (1997: 4) fassen dies eindrucksvoll zusammen: „Comparative politics therefore asserts an ambigious scope of inquiry. No political phenomenon is foreign to it; no level of analysis is irrelevant, and no time period beyond its reach." Vor allem behandelt die vergleichende Politikwissenschaft politische Institutionen (*polity*), Prozesse (*politics*) und Politikfelder (*policies*).

Da in dieser kurzen Einführung nicht auf einzelne Gegenstandsbereiche eingegangen werden kann, sollen an dieser Stelle exemplarisch lediglich neuere weiterführende Texte benannt werden, die unterschiedliche inhaltliche und methodologische Schwerpunkte besitzen:

Einführungen, die ländervergleichend die politischen Systeme oder wesentliche Aspekte vorstellen: Einer der populärsten amerikanischer Einführungstexte, dessen neunte Auflage 2008 erschienen ist (Almond u.a. 2008[9]), führt in den ersten Kapiteln in den strukturellen Funktionalismus ein. Sodann werden verschiedene politische Systeme idiographisch dargestellt. Dabei wird ein besonders breites Spektrum von Ländern abgedeckt, welches von klassischen Demokratien wie Großbritannien, Frankreich, Deutschland, den USA, bis hin zu China, Russland, Brasilien, Iran, Indien und Nigeria reicht. Die von Wolfgang Ismayr (2009[4], 2010[3]) herausgegebenen Bände stellen detaillierte Einführungen in die politischen Systeme der einzelnen Länder in West- und Osteuropa bzw. (2008) in den Gesetzgebungsprozess der EU-Länder dar.

Einführungen, die gegenstandsbezogen mehrere Länder betrachten. Anhand von Beiträgen führender Politikwissenschaftler stellt das von Berg-Schlosser und Müller-Rommel (2003[3]) herausgegebene Buch die klassische Einführung in verschiedene Gegenstandsbereiche der vergleichenden Politikwissenschaft vor allem für westliche Länder dar. Ähnlich wie in dem Band von Berg-Schlosser und Müller-Rommel führen im von Hans-Joachim Lauth (2006[2]) herausgegebenen Band z.T. namhafte Autoren in verschiedene Gegenstandsbereiche der vergleichenden Politikwissenschaft ein. Petra Stykow (2007) gibt eine grundlegende Darstellung der verschiedenen Gegenstandsbereiche der vergleichenden Politikwissenschaft. Dabei werden vor allem analytische Kategorien und theoretische Aussagen dargelegt und empirisches Material exemplarisch – und nicht vergleichend systematisch – dargestellt. Eine ähnlich aufgebaute Einführung ist das zweibändige Werk von Hanspeter Kriesi (2007/8). Im ersten Band werden die wesentlichen Begriffe und Konzepte (Grundlagen) definiert und dargestellt. Im zweiten Band wird auf Institutionen und Länderbeispiele eingegangen. Franz Lehner und Ulrich Widmaier (2002[4]) konzentrieren sich auf die Darstellung von Regierungssystemen. Nachdem die Grundprinzipien dargestellt wurden, werden anhand von Beispielen die Konzepte und politischen Prozesse näher erläutert. Umfangreicher siehe auch Newton/van Deth (2005) und Caramani (2008). Anton Pelinka (2005) führt in verschiedene Politikbereiche unter Rückgriff auf eine stärker qualitativ-ideographische Perspektive ein. Systematischer führen anhand von Gegenstandsbereichen Gallagher/Laver/Mair (2006[4]) in die politischen Systeme der 25 EU-Mitgliedstaaten ein. Jahn (2006: Teil I) bietet eine systematische Einführung in viele Gegenstandsbereiche der vergleichenden Politikwissenschaft mit einer deutlich nomothetischen Zielsetzung. Todd Landman (2003) stellt exemplarisch verschiedene Themenbereiche (wirtschaftliche Entwicklung und Demokratie, politische Gewalt und soziale Revolutionen, friedlicher Protest und soziale Bewegungen, Transitionen von Demokratien, institutionelles Design und demokratische Performanz, Menschenrechte) dar, die sonst nur wenig Beachtung in der Literatur finden.

Analytische Untersuchungen, die einen besonderen Wert für eine Einführung in die Gegenstandsbereiche der vergleichenden Politikwissenschaft besitzen und auch für Anfänger zugänglich sind, sind in Arend Lijpharts (1999) umfassender, nomothetisch orientierter Studie zur Funktionsweise von Demokratie in 36 Ländern zu finden. Dabei gibt er wesentliche Einsichten in politische Institutionen und Prozesse.

Neben diesen für Anfänger besonders geeigneten Werken sollten bei besonderem Interesse die einschlägigen Artikel in den Fachzeitschriften konsultiert werden. Neben allgemeinen deutschsprachigen (*Zeitschrift für Vergleichende Politikwissenschaft*, ZfVP), *Politische Vierteljahresschrift*, PVS) und internationalen Fachzeitschriften (*European Journal of Political Research, Comparative Political Studies, Comparative Politics*) existiert eine Fülle von Fachzeitschriften, die sich auf bestimmte Gegenstandsbereiche (z.B. *Party Politics, Electoral Studies*) oder Regionen (z.B. *West European Politics, East European Politics and Societies, Journal of Latin American Studies*) spezialisiert haben. Besonders grundlegende Darstellungen der Untersuchungsgegenstände der vergleichenden Politikwissenschaft mit Online-Lerninhalten finden sich auch im Internetportal http://www.politikon.org/.

Weiterführende Literatur

Adcock/Collier (2001)
Aufbauend auf Sartoris Arbeiten zur Anwendbarkeit von Vergleichskriterien führt der Aufsatz in die Grundproblematik von Verallgemeinerung und Spezifizierung von Konzepten ein.

Gerring, John (2001)
Gerring bietet eine allgemeine Einführung in die Methodologie der Sozialwissenschaften. Obgleich das Buch nicht speziell auf die vergleichende Politikwissenschaft bezogen ist, stellt es die wesentlichen Aspekte vor, auf die in einem Forschungsdesign geachtet werden muss und wie die Konzepte und Kausalitäten analysiert werden können.

Pierson, Paul (2004)
Dieses Buch beinhaltet eine umfangreiche Darstellung der zeitlichen Dimension auf Kausalzusammenhänge und geht dabei weit über Aspekte hinaus, die in herkömmlichen Lehrbüchern zu diesem Thema gegeben werden.

Sartori, Giovanni (1984)
Umfassendes Kapitel, welches auf viele Aspekte der Vergleichbarkeit von analytischen Konzepten eingeht. Bis heute eine der besten systematischen Darstellungen.

Darüber hinaus geben die in den vorherigen Abschnitten genannten Referenztexte von Smelser (1976), Sartori (1991), Peters (1998) und King u.a. (1994) detaillierte Einblicke in die genannten Aspekte.

4 Wie vergleichen?

Wie die vergleichende Methode in der Politikwissenschaft am besten angewendet werden kann, ist von vielen Entscheidungen abhängig. Vor allem spielen die Forschungsfrage, das Forschungsdesign und die Analysestrategie eine wesentliche Rolle. Zentrale Punkte des vergleichenden Forschungsdesigns sind die Fallanordnung und die allgemeinen Eigenschaften der Fälle. Da die Fallauswahl von besonderer Bedeutung ist, wird diesem Aspekt ein eigener Abschnitt gewidmet. Die ausgewählten Fälle bestimmen oftmals das spätere Ergebnis und so entsteht eine Verzerrung der Gültigkeit der Ergebnisse einer Untersuchung durch die Fallauswahl. Dies wird als *selection bias* bezeichnet.

Während im Forschungsdesign und durch die Fallauswahl die entscheidenden Rahmenbedingungen und Voraussetzungen für eine vergleichende Analyse abgesteckt werden, stellen die vergleichenden Analysemethoden die Grundlage für Datenauswertungen dar. Hier unterscheidet man stärker fallorientierte und stärker variablenorientierte Analyseverfahren. Natürlich stehen Forschungsdesign und Analysestrategien in einem engen Zusammenhang und Entscheidungen zu Beginn einer Untersuchung haben Konsequenzen für den weiteren Verlauf.

4.1 Vergleichende Forschungsdesigns

Die vergleichenden Forschungsdesigns beinhalten Aspekte, wie eine Untersuchung aufgebaut sein soll, die durch die vergleichende Methode zu validen Ergebnissen kommen kann. In den folgenden Abschnitten wird dabei vor allem auf jene Aspekte eingegangen, die für eine vergleichende Studie notwendig sind. Auf andere Aspekte, wie die Forschungsfrage, Operationalisierung von Schlüsselkonzepten, Hypothesenbildung und Erhebungsmethoden wird im Folgenden nicht näher eingegangen (siehe hierzu Gerring 2001; Jahn 2006a: 180-212; Jahn 2011).

Im Anschluss werden vier Forschungsdesigns näher vorgestellt, die sich in der vergleichenden Politikwissenschaft etabliert haben. Zunächst einmal steht das *most similar* und *most different systems* design im Mittelpunkt des Interesses. Vor allem das *most similar systems* design hat sich als ein sehr effizientes Forschungsdesign in der vergleichenden Politikwissenschaft erwiesen. Insbesondere im Zusammenhang mit einer größeren Fallzahl stellt das *most similar systems* design in Aggregatdatenanalysen einen besonders effizienten Weg des repräsentativen Vergleichs dar. Allerdings wird diese Stärke des Aggregatdatendesigns dadurch geschmälert, dass die Motive und Prozesse von Ursachen nicht direkt erfasst werden können. Auf diesem Gebiet bilden vergleichende Fallstudien ein effizientes Analysedesign. Deren Schwachpunkt ist jedoch, dass sie nur unter erheblichen Informationseinbußen fallübergreifende Aussagen treffen können, was ja gerade im Mittelpunkt des Interesses der vergleichenden Methode steht.

4.1.1 Most similar und most different systems designs

Most similar und *most different systems design* stellen zwei sehr effiziente Varianten der modernen vergleichenden Methode dar, wobei das *most different systems design* nur selten zur Anwendung kommt. Beide Verfahren stellen Richtlinien auf, nach welchen Kriterien Fälle ausgewählt werden sollen.

Die Logik hinter dem *most similar systems design* besteht darin, dass die Fälle möglichst ähnlich sein sollen, um jene Effekte, die nicht explizit in die Untersuchung (externe Varianz) eingehen, ignorieren zu können. Untersucht man westeuropäische Länder, so ähneln sich diese stärker, als wenn zusätzlich noch osteuropäische Länder aufgenommen würden. Im ersten Fall könnten Faktoren wie nicht-christliche Religionen, nicht-demokratische Vergangenheit in der Nachkriegszeit etc. ausgeblendet werden. Innerhalb dieser homogenen Gruppe sollten die Fälle jedoch hinsichtlich der unabhängigen Variablen, die Eingang in die Untersuchung finden, möglichst stark variieren (maximiere die experimentelle Varianz), zum Beispiel hinsichtlich der Stärke von Parteien und Regierungszusammensetzungen. Dabei entsteht ein Dilemma zwischen homogener Fallauswahl und begrenzter Varianz der unabhängigen Variablen sowie der Maximierung der Varianz der unabhängigen Variablen und heterogenen Fälle. Die Logik des *most similar systems design* zielt auf die Reduzierung der Anzahl der in die Untersuchung eingehenden Variablen ab. Aspekte, die ignoriert werden können, fließen nicht als zusätzliche Variable in die Untersuchung ein. Allerdings kann man niemals ganz sicher sein, ob die kontrollierten Variablen nicht doch Einfluss auf die abhängige Variable ausüben.

Tabelle 4-1: Die Logik des most similar systems designs

Länder	Durch das *most similar system design* kontrollierte Variablen *(externe Varianz)*				Interessierende unabhängige Variablen *(experimentelle Varianz)*			Abhängige Variable
	X_1	X_2	...	X_k	X_{k+1}	...	X_n	Y
A	1	1	...	0	1	...	1	1
B	1	1	...	0	0	...	0	0
C	1	1	...	0	1	...	1	1
D	1	1	...	0	1	...	1	1
E	1	1	...	0	1	...	1	1
F	1	1	...	0	0	...	0	0

Das *most similar systems design* kann sowohl für Studien mit einer kleinen als auch mit einer großen Fallzahl angewendet werden. Führt es für Untersuchungen mit einer kleinen Fallzahl zu eher weniger generalisierbaren Ergebnissen, so kann es mit einer größeren Fallzahl zu einer sehr effektiven Strategie werden. Hervorzuheben ist jedoch, dass sich die Ergebnisse in der Tradition des *most similar systems designs* auf die ausgewählten Fälle beziehen und *keine* Schlüsse auf eine größere Grundgesamtheit gezogen werden können.

Das *most different systems design* ist eine Multi-Ebenenanalyse, das trotz einer positiven Fallauswahl (siehe weiter unten) hohen nomothetischen Ansprüchen gerecht wird. Die Logik des *most different systems designs* geht davon aus, dass zunächst Hypothesen gebildet werden, die für *eine* Population zutreffen sollen. So wird davon ausgegangen, dass Arbeiter linke Parteien wählen. Diese Hypothese wird auf der Systemebene z.B. für Deutschland getestet. Stellt sich ein positiver Zusammenhang heraus, wird diese Hypothese auch für Großbritannien überprüft. Solange sich die Hypothese bestätigt, sind keine expliziten Vergleiche zwischen Deutschland und Großbritannien notwendig. Wenn die Hypothese nun nicht für beide Länder zutrifft, wird die nächst höhere Ebene untersucht und der Grund für die Varianz im Ländervergleich gesucht.

Wenn wir also an der Entdeckung von allgemein gültigen Gesetzen interessiert sind, sollte sich der Zusammenhang in möglichst vielen Systemen bestätigen. Ideal wäre, wenn er sich in jedem System bestätigen würde. Jedoch sind auch hier forschungspragmatische Gründe dafür verantwortlich, dass nicht alle Systeme – etwa alle Länder der Erde oder alle jemals abgehaltenen Wahlen – untersucht werden können. Deshalb spielt die Fallauswahl auch im *most different systems design* eine Schlüsselrolle. Es ist daher nicht verwunderlich, wenn sich das Wahlverhalten von Arbeitern in Deutschland und Großbritannien ähnelt. Beide Länder haben eine ähnliche Kultur, ähnliche gesellschaftliche Organisation und sogar starke gemeinsame historische Verbindungen. Eine Hypothese wird einem rigiden empirischen Test unterzogen, wenn sie sich in höchst unterschiedlichen Systemen (*most different*) bewähren muss. Wenn also Arbeiter linke Parteien sowohl in Deutschland als auch in Japan, Mosambik, Chile und Costa Rica wählen, ist die Wahrscheinlichkeit groß, dass es eine soziale Gesetzmäßigkeit ist, dass Arbeiter linke Parten wählen.

Ein expliziter Ländervergleich findet im *most different systems design* nur dann statt, wenn die Zusammenhänge *nicht* innerhalb aller Fälle auftreten. Wählen beispielsweise die Arbeiter in Japan keine linke Partei, so müssen die Ursachen hierfür im politischen System oder in der japanischen Gesellschaft gesucht werden. Man sollte sich bei der Erklärung nicht damit begnügen, dass Japan anders ist als andere Länder, sondern es müssen diejenigen Variablen identifiziert werden (etwa hohe Fürsorge der Betriebe für ihre Angestellten), die für das abweichende Verhalten verantwortlich sind.

Die Analyse auf der höheren Ebene ist dann allerdings problematisch, weil nur eine sehr begrenzte Fallzahl für den Ländervergleich zur Verfügung steht. Insofern ist das *most different systems design* bei der Bestätigung von Hypothesen effizienter als bei der Suche nach Lösungen, nachdem die Grundhypothese falsifiziert wurde.

Diese anspruchsvolle Art des Mehrebenenvergleichs ist in der Sozialwissenschaft nur selten systematisch durchgeführt worden. Auch werden wenige Hinweise dafür angegeben, wie viele Länder in eine Untersuchung des *most different systems designs* eingehen sollen. Meistens handelt es sich um Untersuchungen von bis zu sechs Ländern. Die Auswahl der Länder in *most different systems designs* besteht in einer positiven Auswahl der Fälle. Das Kriterium hierfür ist, dass die Länder wichtige Einsichten für die Untersuchungsfragen geben und möglichst unterschiedlich sein sollen.

Insgesamt kann festgestellt werden, dass der Ansatz des *most different systems design* zu sehr starken Bestätigungen von Hypothesen führen kann, wenn sich diese in höchst verschiedenen Systemen bewähren. Allerdings kann keine absolute Bestätigung der Hypothesen aus diesem Ansatz gewonnen werden. Das *most similar systems design* kann bei einer Untersuchung (fast) aller Untersuchungsfälle einer Grundgesamtheit, auf die die Analyse zutreffen soll, zu sehr validen Ergebnissen führen. Das *most different systems design* ist besonders geeignet für die Untersuchung von Mikrotheorien. Die Stärke des *most similar systems design* liegt eher in der Verbindung mit Theorien mittlerer Reichweite.

Oftmals wird missverständlicherweise die Konkordanz- und Differenzmethode mit dem *most similar* und *most different systems designs* gleichgesetzt. Diese haben jedoch nur sehr mittelbar etwas mit diesen von Mill entwickelten Methoden zu tun. Der wesentliche Unterschied besteht darin, dass Mills Methoden Datenanalysemethoden darstellen und die beiden genannten Forschungsdesigns Anleitung zur Fallauswahl bieten. Insbesondere die Forschungsdesigns des *similar system* mit *different outcome* (SS-DO) und des *different systems* mit *similar outcome* (DS-SO) beziehen sich auf Mills Postulat, doch leiden solche Forschungsdesigns stark unter dem *selection bias* (siehe mehr hierzu im nächsten Abschnitt), da in ihnen sowohl auf der abhängigen Variablen als auch aufgrund einer wesentlichen Kausalbeziehung die Fälle ausgewählt werden (King u.a. 1994: 142-144; 147). Freilich können durch solche Forschungsdesigns gewisse „politikwissenschaftliche Rätsel" untersucht werden, die zum Teil auch von analytischem Wert sind, jedoch ist die Generalisierbarkeit solcher Untersuchungen stark eingeschränkt.

Eine Variante des SS-DO Designs ist das *Before-After Research Design* (George/Bennett 2005: 166-167). Dieses Forschungsdesign erfüllt die Kriterien der Gleichheit der Systeme im höchsten Maß, da der gleiche Fall einmal vor und einmal nach einem Ereignis verglichen wird. Indem das neuseeländische Parteiensystem einmal vor und einmal nach der Wahlrechtsreform 1996 verglichen wird, können viele Faktoren vernachlässigt werden. Denn Neuseeland ist sicherlich in den meisten Aspekten unverändert geblieben. Dieses Ereignis stellt also die Grundlage für ein „natürliches" oder Quasi-Experiment dar (Campbell u.a. 1963). Ein ähnliches Forschungsdesign wählte Robert Putnam (1993), indem er Italien einmal vor und einmal nach der Einführung von Regionalregierungen 1970 verglich.

Umgekehrt können auch Ähnlichkeiten der abhängigen Variablen in sehr unterschiedlichen Systemen (Ländern) die Untersuchung leiten (DS-SO). Doch auch dieses Forschungsdesign steht vor dem gleichen Problem, dass die externe Varianz schwer kontrollierbar ist. Das Ziel solcher Untersuchungen ist die Suche nach gemeinsamen – oder unterschiedlichen – Gründen, die für die ähnlichen Ereignisse verantwortlich sind. Durch die meist geringe Fallzahl und den gravierenden *selction bias* des SS-DO- und DS-SO-Forschungsdesigns ist deren Zuverlässigkeit und Allgemeingültigkeit sehr begrenzt. Guy Peters (1998: 65; siehe auch Collier u.a. 2004: 100) verweist auf die Gefahr bei vergleichenden Studien mit sehr kleiner Fallzahl, ihre Ergebnisse gerade durch dieses bewusste Forschungsdesign valider zu betrachten, als dies durch die geringe Fallzahl und die begrenzte Kontrolle der externen Varianz gerechtfertigt wäre. Prinzipiell sollte vom SS-DO und DS-SO Forschungsdesign abgesehen werden und stattdessen die effizienteren Forschungsdesigns von *most similar systems* und *most different systems* design benutzt werden.

4.1.2 Aggregatdatenanalysen

Eine sehr effiziente Art der Anwendung der Differenzmethode in Verbindung mit dem *most similar systems* design besteht in der Aggregatdatenanalyse vieler Länder. Die generelle Logik dieser Vergleichsmethode besteht in Mills Methode der Begleiterscheinungsvarianz, die Folgendes besagt: Wenn zwei Variablen in gleicher Weise variieren, so sind diese Variablen in irgendeiner Weise verbunden, sei es kausal oder durch andere Art und Weise (etwa durch eine dritte Variable). Um diese Analysetechnik effizient anwenden zu können, müssen möglichst alle Fälle einer klar definierten Grundgesamtheit in die Analyse einfließen. Um die Fallzahl zu begrenzen, werden die oben beschriebenen Kriterien des *most similar systems* designs angewandt. Dabei muss ein Kompromiss zwischen einer homogenen Grundgesamtheit und einer ausreichenden Fall- bzw. Beobachtungsanzahl angestrebt werden. Ist die untersuchte Grundgesamtheit zu heterogen, müssen viele Variablen untersucht werden, weshalb eine hohe Anzahl von Fällen notwendig ist. Auch darf die Fall- bzw. Beobachtungszahl nicht zu gering sein. Um etwa drei Variablen zu untersuchen, sollten mindestens 15 Fälle (Länder) zur Verfügung stehen.

Die moderne statistische Analyse hat diese Art der Analyse verfeinert, indem der statistische Einfluss einer Variablen, kontrolliert durch den statistischen Einfluss anderer Variablen auf eine abhängige Variable, eingeschätzt werden kann. Dieser isolierte statistische Einfluss wird als partielle Korrelation bezeichnet. Wesentlich ist bei solchen Aggregatdatenanalysen, dass die Variablen möglichst präzise erfasst werden müssen, um entsprechende statistische Verfahren durchführen zu können.

Diese Art der statistischen Analyse der Kovarianz ist in den vergangenen Jahren fundamental weiterentwickelt worden (Jahn 2006a; 2009a; siehe kritisch Kittel 2006; 2009). Es können damit neben den isolierten Einflüssen von unabhängigen und abhängigen

Variablen auch u.a. Interaktions-, Diffusions- und Zeiteffekte erfasst werden.

Da mit solchen Analysen relativ allgemein gültige Aussagen getroffen werden können, werden sie auch als der Königsweg der Analysen im Bereich der vergleichenden Politikwissenschaft bezeichnet (Jahn 2007). Allerdings ist Aggregatdatenanalysen das Defizit eigen, dass sie Schwierigkeiten haben, aus identifizierten Zusammenhängen Kausalität ableiten zu können. In dieser Hinsicht sind fallinterne Forschungsdesigns überlegen.

4.1.3   Fallinterne Vergleichsstudien

Fallorientierte Analysen richten das Hauptaugenmerk auf fallinterne Analysen und konzentrieren sich auf prozessbestimmte Kausalitäten. Dabei unterscheiden sich Fallstudien in ihrem Forschungsdesign sehr stark darin, inwieweit sie analytische Aspekte einer nomothetischen Perspektive aufnehmen. Das wesentliche Kriterium, eine Fallstudie nomothetisch auszurichten, besteht darin, dass die Fallauswahl unter theoretisch-analytischen Aspekten erfolgt. Steht zunächst der Fall im Mittelpunkt des Interesses, sind solche Fallstudien lediglich deskriptiv und atheoretisch. Bestenfalls kann ein Fall durch die Bezugnahme auf eine Theorie erklärt werden, aber auch dann ist der analytische Nutzen gering. Fallstudien nehmen an analytischer Schärfe zu, wenn die Fälle anhand einer Theorie ausgewählt werden. So können in heuristischen oder interpretierenden Fallstudien Muster erklären werden, die mit theoretischen Aussagen in Übereinstimmung stehen (*pattern matching*). Es können auch Prozesse nachgezeichnet werden, die zu einem Ereignis geführt haben, indem diese theoretisch angeleitet interpretiert werden (*process tracing*). Besonders ertragreich sind dabei Fallauswahlen, die kritische oder abweichende Fälle untersuchen.

Kritische Fälle sind solche Fälle, die allem Anschein nach entweder eine Theorie betätigen sollten, von dieser jedoch abweichen bzw. umgekehrt einer Theorie widersprechen sollten, diese aber bestätigen. Die Analyse abweichender Fälle ist dagegen eine Untersuchungsform, die von einem allgemeinen Muster abweichende Fälle untersucht (Eckstein 1975; Gerring 2007). Hier ist der Status von Theorie und Empirie umgekehrt zur kritischen Fallstudie. Stand bei der kritischen Fallstudie die Theorie zuerst und wurden daraufhin Fälle ausgewählt, so finden wir in der Analyse abweichender Fälle zunächst den Fall, der dann erklärt werden muss. Der Unterschied zur atheoretischen Fallstudie besteht darin, dass der Fall nicht mehr oder weniger willkürlich ausgewählt wird, sondern in Relation zu einem allgemein vorliegenden Muster.

Die fallinterne Analyse kann verschiedene Formen annehmen. Zum einen kann der Fall interpretiert werden. Ein vieldeutiges Verfahren liegt in der Hermeneutik vor, die als Rahmen einer Fallinterpretation gilt. Oftmals werden bei diesem Verfahren jedoch nicht die Interpretationskriterien offen gelegt und die Interpretation ist an die Erfahrung des Interpretierenden gebunden. Ein solches Vorgehen weist natürlich fundamentale Defizite hinsichtlich der intersubjektiven Nachvollziehbarkeit der Forschungsergebnisse auf. In jüngster Zeit hat die Fallstudie eine analytische Aufwertung erfahren, indem stärker nachvollziehbare Analyseverfahren entwickelt wurden. Insbesondere der explizite Bezug auf eine vorab dargestellte Theorie bildet den Rahmen für eine solche Analyse, die unter den Begriffen *process tracing*, systematische Prozessanalyse oder analytische Narrative in der Literatur behandelt wird.

Das Ziel des *process tracing* besteht darin, durch die Interaktion zwischen Theorie und Empirie die Theorie zu verfeinern. Das bedeutet, dass Hypothesen nicht primär durch die Empirie falsifiziert werden, sondern vielmehr die Theorie durch die Empirie modifiziert wird. Eine Variation einer solchen Fallstudie besteht in der „systematischen Prozessanalyse" (Hall 2003). In dieser Perspektive werden die Sequenzen, in denen ein Prozess sich entwickelt, wichtig für das Eintreten des Ereignisses. So ist es beispielsweise nicht unerheblich für das Ereignis y, ob der Prozess x vor oder nach dem Prozess z eintrat. Auch spielt es eine Rolle, ob ein Prozess in einer frühen formativen Periode stattfand oder erst später. Eine ununterbrochene sechsjährige sozialdemokratische Herrschaft in den 1930er Jahren hat einen tiefer reichenden Einfluss als sechs Jahre in den 1990ern. Dieser Unterschied wird in vielen etablierten quantitativen Analyseverfahren nicht berücksichtigt. In einer systematischen Prozessanalyse werden mehrere Theorien benutzt, die miteinander in Konkurrenz für die Erklärung der Ereignisse stehen. Nur durch die Interaktion zwischen den empirischen Bezügen der einzelnen Theorien lässt sich eine systematische Prozessanalyse durchführen. Das heißt: Die empirische Arbeit wird letztendlich durch den Vergleich dreier Elemente bestimmt: die favorisierte Theorie, die konkurrierenden Theorien und die empirischen Beobachtungen.

Eine Möglichkeit zur systematischen Strukturierung von fallorientierten Studien besteht in *analytischen Narrativen* (Bates u.a. 1998). Bei diesem Ansatz werden formale analytische Verfahren mit narrativen Verfahren aus der Geschichtswissenschaft kombiniert. Den narrativen Schwerpunkt bildet die Betrachtung von Prozessen, besonderen Ereignissen und Kontexten. Der analytische Aspekt besteht in expliziten und formalen Begründungskonzepten, die für die Darstellung und Erklärung der Ereignisse genutzt werden. Seine besondere Stärke erhält dieser Ansatz, wenn die qualitative narrative Methode mit einer hoch formalisierten Theorie kombiniert wird. Bates u.a. (1998: 12) wenden die hoch formalisierte *rational choice*-Theorie an. Damit ergibt sich eine Analyse „... between idiographic and nomothetic reasoning."

Zur Erklärung des Ereignisses werden die Einzelentscheidungen dahingehend untersucht, ob sie in ein Gleichgewicht münden. Hierzu werden im Wesentlichen die folgenden Fragen untersucht: Würde ein rationaler Akteur sich in Anbetracht des zu erwartenden Verhaltens anderer Akteure so verhalten, wie er es im spezifischen Fall tut? Reflektiert sich die Auffassung über die Motive der anderen Akteure in deren Verhalten? Sind die Reaktionen optimale Entscheidungen in Anbetracht der Handlungsalternativen, Spielregeln und Informationen? Die konsistente Beantwortung dieser Fragen anhand der zugrunde liegenden Theorie überträgt das Narrativ in ein analytisches Narrativ: „Deductive theory thus becomes an engine of empirical discovery" (Bates u.a. 1998: 15). Dabei besteht eine Interaktion zwischen Theorie und Empirie, wie dies im Zusammenhang mit dem *process tracing* beschrieben wurde. Was die analytische Narrative vom *process tracing* unterscheidet, ist die stärkere Betonung von formaler Theorie (Bates u.a. 1998: 16). Im Gegensatz zum *process tracing*, in dem oftmals die einzelnen

Schritte nicht theoriegeleitet dargestellt werden, spielt beim analytischen Narrativ die kontinuierliche Verbindung zwischen Theorie und Empirie eine bedeutende Rolle. Durch die Dokumentation dieser Schritte ist der Ansatz eher kritisierbar als das *process tracing*. Dabei gilt Kritisierbarkeit als ein Gütekriterium, da nur kritisierbare Sozialforschung auch überprüfbar ist.

Der Forschungsprozess durch analytische Narrative ist abgeschlossen, wenn alle empirisch überprüfbaren theoretischen „Gedankenspiele" durchgeführt wurden. Dabei besteht mehr Sicherheit bei der Falsifikation einer Theorie als bei deren Bestätigung am Fall.

Der empirische Vergleich in den dargestellten Verfahren kann dabei innerhalb der Fälle und zwischen den Fällen stattfinden. Insbesondere wenn die identifizierten Muster und Abläufe sich sowohl innerhalb als auch zwischen den Fällen wieder finden lassen, kann davon ausgegangen werden, dass die theoretische Erklärungskraft größer ist, als wenn sich die Theorie nur anhand eines Falles bewährt. Führt etwa die Etablierung einer sozialdemokratischen Regierung in Land X, über eine bestimmten Zeitraum betrachtet, in diesem Land zu mehr sozialer Gerechtigkeit und stellt sich auch im internationalen Vergleich heraus, dass jene Länder mit einer langjährigen sozialdemokratischen Regierung sozial gleicher sind als andere Länder, so ist die These „sozialdemokratische Regierungen forcieren soziale Gerechtigkeit" stärker belegt, als wenn dieser Zusammenhang nur innerhalb eines Landes oder im Vergleich von Ländern belegt wird.

Die empirische Durchführung von fallinternen und fallübergreifenden vergleichenden Analysen ist jedoch besonders aufwendig. Etablierte Studien benutzen zumeist die narrative Form, die oftmals nicht dem Kriterium der wissenschaftlichen Effizienz genügt. In Bezug auf die wesentliche Fachliteratur stellt James Mahoney fest, dass Narrative ein hilfreiches Werkzeug für die Bewertung von Kausalität in Situationen sind, in denen zeitliche Abläufe, besondere Ereignisse und Pfadabhängigkeiten berücksichtigt werden müssen. Allerdings kann diese Art der Analyse zu ineffizienten Erklärungen führen, die nur sehr schwer über den untersuchten Fall hinaus verallgemeinerbar sind. „Hence, narrative may suffer from the problems associated with 'idiographic' explanations" (Mahoney 1999: 1169).

4.2 Fallauswahl und *Selection Bias*

Die Fallauswahl stellt ein wichtiges Instrument der Analyse in der vergleichenden Politikwissenschaft dar (Jahn 2005). Durch die bewusste Auswahl von Fällen können verschiedene Forschungsfragen behandelt werden. In gewisser Hinsicht übernimmt die Fallauswahl die Kontrollfunktion, die im Experiment durch die bewusste und kontrollierte Manipulation einer unabhängigen Variable geschaffen wird und in der statistischen Methode die partielle Korrelation der Variablen darstellt. Damit ist die Fallauswahl das wesentliche analytische Element des Forschungsdesigns in der vergleichenden Politikwissenschaft, um den Forschungsprozess zu steuern.

Bei der Fallauswahl gilt es daher viele Aspekte zu berücksichtigen. Bevor jedoch Auswahlstrategien behandelt werden können, muss noch auf die Analyseeinheiten, auf die sich die Untersuchung bezieht, eingegangen werden. Hierzu ist eine Diskussion über das Konzept der Grundgesamtheit eine wesentliche Grundbedingung, die zunächst erfolgen wird.

Unter dem Begriff *Grundgesamtheit* (auch: Population oder Universum) versteht man die Gesamtheit jener Einheiten, auf die sich eine Untersuchung beziehen soll. In der Wahlforschung stellen beispielsweise alle wahlberechtigten Bundesbürger die Grundgesamtheit dar. Jedoch sind nicht alle Grundgesamtheiten vorgegeben oder leicht identifizierbar. Häufig müssen sie erst definiert werden (Ragin 2000: 43-63).

Grundgesamtheiten können beispielsweise alle demokratischen Staaten oder alle Transformationsgesellschaften sein. In diesen Fällen muss dann zunächst bestimmt werden, welche Länder in die entsprechenden Kategorien fallen. Hierfür werden operationalisierbare Konzepte von Demokratie und Transformation benötigt. Manche Grundgesamtheiten können kaum genau erfasst werden. Charles Ragin (2000: 47-49) verweist auf die Schwierigkeiten bei der Bestimmung der Grundgesamtheit von Aufständen und sozialen Protesten. Was gilt als Aufstand, Streik, Demonstration, Sitzblockade, Bürgerkrieg? Neben der analytischen Erfassung bestehen auch Schwierigkeiten in empirischer Hinsicht. Selbst wenn bestimmt werden kann, dass alle Staaten der Erde eine umfassende Grundgesamtheit der ländervergleichenden Politikwissenschaft sind, so ist damit immer noch nicht ein Rückschluss auf alle Gesellschaften möglich. Denn für allgemein gültige Aussagen, die alle Länder umfassen, besteht die Grundgesamtheit nicht nur aus allen gegenwärtigen und in der Vergangenheit existierenden Staaten, sondern auch aus allen zukünftigen.

Dazu kommt noch das Problem, dass Staaten sich zum Teil fundamental verändern können (Ebbinghaus 2005). So verschwinden manche Staaten von der Landkarte, andere werden gegründet oder verändern sich. Die deutsche Vereinigung ist ein solches Beispiel, bei dem es nicht immer problemlos ist, die alte Bundesrepublik oder den Durchschnittswert der Bundesrepublik und der DDR als Vorläufer der Bundesrepublik zu benutzen, wie dies zunehmend in internationalen Statistiken praktiziert wird. Es ist offensichtlich, dass wir bei einer solchen Definition der Grundgesamtheit schnell an Grenzen stoßen, da es unmöglich ist, eine repräsentative Auswahl aus allen Ländern (in Raum und Zeit) zu erhalten.

Trotz dieser Schwierigkeiten muss die Grundgesamtheit einer Untersuchung möglichst präzise analytisch bestimmt werden. Dies ist notwendig, weil die Grundgesamtheit die Reichweite der Aussagen (Repräsentativität) festlegt, die aus einer Untersuchung abgeleitet werden kann. Auch kann die Wahl der Grundgesamtheit die Ergebnisse einer Studie wesentlich bestimmen. Beispielsweise können Studien der hoch entwickelten Industrienationen ergeben, dass linke Regierungen zu hohen wohlfahrtsstaatlichen Ausgaben neigen. In Studien, die „alle" Länder der Erde untersuchten, wurde dagegen festgestellt, dass wirtschaftlich entwickelte Länder zu hohen Sozialausgaben tendieren. Das heißt, einmal waren linke Regierungen und einmal wirtschaftliche Entwicklung Haupterklärungsfaktoren. Die Definition der Grundgesamtheit sollte deshalb zu Beginn einer Untersuchung sorgfältig durchgeführt werden.

Oftmals können jedoch nicht ganze Grundgesamtheiten untersucht werden. Dann ist es notwendig eine Auswahl von Fällen zu treffen. Bei der Fallauswahl kann grundsätzlich zwischen der Zufalls- und der bewussten Fallauswahl unterschieden werden, die sich von der analytisch unbrauchbaren willkürlichen Fallauswahl unterscheiden. Bei der bewussten Fallauswahl wiederum kann zwischen positiver und negativer Fallauswahl unterschieden werden. Von einer positiven Fallauswahl spricht man, wenn Fälle unter bestimmten Aspekten herausgegriffen werden (Einschlussverfahren). Bezogen auf eine räumliche Auswahl wählt man beispielsweise Frankreich als westeuropäisches Land aus. Wenn zu dieser Auswahl keine analytischen Aspekte hinzukommen, dann ist diese Art der Auswahl äußerst willkürlich. Denn man hätte auch Spanien oder Großbritannien als westeuropäisches Land auswählen können. Die negative Auswahl basiert indes zunächst auf der Festlegung, was überhaupt die Grundgesamtheit ausmacht. So könnten dies bei allgemeinen Fragestellungen alle Länder der Erde sein oder auch nur demokratische Staaten oder nur Entwicklungsländer etc. Untersucht man die demokratischen Länder der Welt, scheiden alle nichtdemokratischen Länder für die Untersuchung aus. Nach der Bestimmung der Grundgesamtheit versucht man, alle Länder dieser Grundgesamtheit in die Untersuchung einzubeziehen. Dieser Aspekt ist Bedingung für die Repräsentativität der Untersuchung. Falls nun aus forschungspragmatischen Gründen (Aufwand, Finanzen, Qualifikation, Kapazität etc.) nicht alle Länder der Grundgesamtheit untersucht werden können, sollten grundlegende analytische Kriterien zur Eingrenzung der Fallzahl genutzt werden. Das besondere Charakteristikum der negativen Fallauswahl besteht darin, dass begründet werden muss, warum bestimmte Fälle der Grundgesamtheit *nicht* in die Untersuchung eingehen (Ausschlussverfahren).

Hinsichtlich der Reichweite und analytischen Aussagekraft vergleichender Studien können Untersuchungen auf einem Spektrum von global-vergleichender bis hin zur Fallstudie durchgeführt werden. Im Allgemeinen gilt, dass eine große Fallzahl mehr Spielraum für die fallvergleichende Analyse lässt und zu repräsentativeren Ergebnissen führt. Allerdings zeigen andere Studien auch, dass selbst mit Fallstudien fundamentale Ergebnisse erzielt werden können (George/Bennett 2005; Gerring 2007).

In Bereichen der Sozialwissenschaft, die mit großen Fallzahlen arbeiten, ist das einschlägige Auswahlkriterium für eine repräsentative Subgruppe die *Zufallsauswahl*, wobei jeder Fall die gleiche Chance haben muss, in die Untersuchung aufgenommen zu werden. Allerdings ist dieser Weg für die vergleichende Politikwissenschaft meistens nicht realisierbar. Ländervergleichende Untersuchungen abstrahieren nicht in gleichem Maße vom einzelnen Fall wie repräsentative Bevölkerungsumfragen. Auch besitzen Länder ein ausgeprägteres Einzelprofil als Individuen. So ist in einer alle Länder der Welt umfassenden Studie das Variablenprofil der USA noch erkennbar. Darüber hinaus verlangt die Wahrscheinlichkeitsrechnung eine gewisse Größe der Stichprobe. Diese ist nicht von der Größe der Grundgesamtheit abhängig, sondern von deren Homogenität.

Robert Perry und John Robertson (2002: 14-18) schlagen folgendes Verfahren vor, um eine repräsentative Auswahl von Ländern zu erhalten, die für alle Gegenwartsgesellschaften gelten kann. Sie geben dabei die folgenden Kriterien für die Auswahl der Untersuchungsländer vor: (a) Bevölkerungsgröße, (b) Verfügbarkeit von Daten und (c) geopolitische und regionale Verteilung. Das Hauptkriterium ist dabei die Verfügbarkeit von Daten, die eine Selektion von Ländern begründet. Die Bevölkerungsgröße stellt eine Variable dar, die die Aufnahme der bedeutendsten Länder der Welt in die Untersuchung garantieren soll. Mit diesen beiden Kriterien würde jedoch ein Zerrbild entstehen, weil manche Regionen (Afrika, vor allem Sub-Sahara-Afrika) unterrepräsentiert und andere Regionen, wie etwa Europa, überrepräsentiert werden. Deshalb schlagen die Autoren vor, Länder aus überrepräsentierten Regionen aus der Untersuchung zu entfernen, um eine repräsentative regionale Verteilung zu erhalten. Im weiteren Verlauf führen die Autoren mit den 50 von ihnen ausgewählten Ländern Analysen mit den gleichen Statistiken durch, die auch auf Individualdatenebene angewendet werden, um Rückschlüsse von der Stichprobe auf die Grundgesamtheit zu ziehen, um so die Allgemeingültigkeit ihrer Ergebnisse zu belegen.

Bei der positiven Fallauswahl kommt es vor, dass die Fallauswahl die Ergebnisse einer Untersuchung verzerrt und dadurch ein *selection bias* entsteht. Barbara Geddes (2003: Kapitel 3) hat dieses Thema unter dem Titel: „How the Cases You Choose Affect the Answers You Get" behandelt.

Einen besonders starken *selection bias* verursachen die Strategien der Fallauswahl, die sich am DS-SO-Design orientieren. Dieses verstößt eklatant gegen die Forderung, dass die abhängige Variable eine möglichst deutliche Varianz aufweisen muss. Ein schlechtes Auswahlkriterium ist ebenfalls, die Fälle anhand von vermuteten Kausalitäten auszuwählen. In dieser Situation werden die Fälle nach der abhängigen und einer wesentlichen unabhängigen Variable ausgewählt. Es ist fast unmöglich, eine Hypothese auf Grundlage einer solchen Fallauswahl zu falsifizieren (King u.a. 1994: 142-144). Dies trifft auf Untersuchungen zu, die die Fallauswahl mit Hilfe der Konkordanz- und Differenzmethode ausführen. Die Erzeugung von Varianz durch das Forschungsdesign ist eine wesentliche Voraussetzung, um Kovarianz und damit Zusammenhänge zu erfassen. Ohne die Beurteilung von Kovarianz kann keine Hypothese falsifiziert und noch viel weniger verifiziert werden.

Auch im Bereich von Zeitreihen kann ein *selection bias* auftreten, wenn nicht auf neutrale Weise der Endpunkt festgelegt werden kann. Erscheint z.B. ein Wert auf der abhängigen Variable als besonders interessant und möchte man diesen erklären, wählt man auf der abhängigen Variable aus (Geddes 2003: 117-123).

Um dem *selection bias* zu entgehen, sollten Fälle nicht auf Grundlage der abhängigen Variable – oder einer Variablen, die unmittelbar mit der abhängigen Variable zusammenhängt, sowie eines Zusammenhangs zwischen der abhängigen Variable und einer unabhängigen Variable – ausgewählt werden, da dies zu verfälschten Ergebnissen führt. Vielmehr sollten auf Grundlage einer möglichst irrelevanten unabhängigen Variable die Fälle ausgewählt werden. Geschieht die Auswahl der Fälle aufgrund einer unabhängigen Variable, ist die abhängige Variable immer noch frei, um über das gesamte Spektrum zu variieren.

4.3 Analysestrategien

Die Analysestrategien, die in der vergleichenden Politikwissenschaft Anwendung finden, lassen sich in fallorientierte und variablenorientierte Analysestrategien einteilen. Dabei arbeiten generell fallorientierte Vergleichsanalysen mit wenigen Fällen und variablenorientierte Studien mit vielen Fällen. Fallorientierte Analysestrategien simplifizieren Informationen für den Vergleich von Fällen, können jedoch hohe Komplexität innerhalb der Prozesse und Kausalmechanismen innerhalb des Falles verarbeiten. Variablenorientierte Vergleiche besitzen Defizite bei der Erfassung von fallinternen Prozessen, sind dafür aber in der Lage höchst differenzierte Vergleichsanalysen zwischen den Fällen durchzuführen. Daher scheint es erstrebenswert fallorientierte und variablenorientierte Analysen zu kombinieren. Im Folgenden werden diese drei Analysestrategien, fall-, variablenorientierte und kombinierende Strategie, näher dargestellt.

4.3.1 Fallorientierte Analysen

Als Ausgangspunkt der Darstellung der vergleichenden Analysemethode wird oftmals auf die Konkordanz- und Differenzmethode von John Stuart Mill hingewiesen. Mill (1890) stellt vor allem die Logik der Konkordanz- und die Differenzmethode, sowie die indirekte Differenzmethode vor.

Die Konkordanzmethode (*Method of Agreement*) beruht darauf, dass ein Ereignis in jedem Untersuchungsfall mit dem zu erklärenden Ereignis auftritt. Dabei ist das zu erklärende Ereignis immer anwesend, so dass keine Varianz hinsichtlich des zu erklärenden Phänomens besteht. Bei der Betrachtung der kausalen Bedingungen wird jenes als ursächlich betrachtet, was ebenfalls *in jedem* Untersuchungsfall auftritt. Alle anderen Faktoren, die in einigen Untersuchungsfällen auftreten, in anderen jedoch nicht, werden als ursächliche Bedingungen aus der Untersuchung ausgeschlossen. Dies bedeutet also: Wenn in einem Fall A, B und C für a, b, und c verantwortlich sind, wobei Großbuchstaben für die Voraussetzungen und Kleinbuchstaben für die Konsequenzen stehen, und in einem nächsten Fall A, D, und E für a, d und e verantwortlich sind, dann ist nur A für a verantwortlich und B,C, D und E können als Ursache für a ausgeschlossen werden. Formal:

A, B, C $\Rightarrow$ a, b, c
A, D, E $\Rightarrow$ a, d, e

Daraus folgt: A ist eine Ursache für a.

Dieser Zusammenhang soll an einem Beispiel nochmals verdeutlicht werden. Es existieren vier unterschiedliche Gesellschaften mit dem gleichen Merkmal Vollbeschäftigung (V+). Die erste Gesellschaft ist gekennzeichnet durch eine sozialdemokratische Regierung (S+), ausgeprägte Auslandsabhängigkeit (A+), schwache Gewerkschaften (G-) und hohe Bildung (B+); die zweite Gesellschaft besitzt eine sozialdemokratische Regierung (S+), ausgeprägte Auslandsabhängigkeit (A+), starke Gewerkschaften (G+) und niedrige Bildung (B-); in einer dritten Gesellschaft wird eine sozialdemokratische Regierung (S+), wenig ausgeprägte Auslandsabhängigkeit (A-), ein niedriger Gewerkschaftsgrad (G-) und ein niedriges Bildungsniveau (B-) identifiziert; und schließlich finden wir eine vierte Gesellschaft vor, in der eine sozialdemokratische Regierung (S+), ausgeprägte Auslandsabhängigkeit (A+), hoher Gewerkschaftsgrad (G+) und hoher Bildungsgrad (B+) existieren. Daraus ergibt sich, dass nur eine sozialdemokratische Regierung im positiven Zusammenhang mit Vollbeschäftigung steht. Alle anderen Variablen haben keinen eindeutigen Einfluss auf Vollbeschäftigung und können als Kausalfaktoren eliminiert werden.

Allgemeine Unterschiede			entscheidende Übereinstimmung	
A	G	B	S	V
+	+	+	+	+
+	+	-	+	+
+	-	-	+	+
-	-	-	+	+
+	-	+	+	+

Die entscheidende Übereinstimmung (Konkordanz) besteht zwischen S und V. Daraus folgt also, dass S eine Ursache für V ist und somit A, G und B als Erklärung ausscheiden.

Die Differenzmethode (*Method of Difference*) geht davon aus, dass wenn ein Phänomen (abhängige Variable) in einem Paarvergleich einmal auftritt und einmal nicht auftritt und die Bedingungen, unter denen dies geschieht (unabhängige Variablen), jeweils die gleichen sind, bis auf eine Variable, die sich in beiden Fällen unterscheidet, so ist die unabhängige Variable, die mit der abhängigen Variable variiert (kovariiert), die Ursache oder ein unerlässlicher Teil der Ursache der abhängigen Variable.

A, B, C $\Rightarrow$ a, b, c
B, C $\Rightarrow$ b, c

A ist die Ursache oder eine Bedingung für das Auftreten von a. B und C können als erklärende Faktoren für a ausgeschlossen werden. Im Beispiel der Vollbeschäftigung wird deutlich, dass die sozialdemokratische Regierung mit der Vollbeschäftigung kovariiert (wenn S dann V, wenn nicht S dann nicht V).

Allgemeine Übereinstimmung		entscheidender Unterschied	
A	G	S	V
+	+	+	+
+	+	-	-

Dies bedeutet: Nur S kovariiert mit V (wenn S dann V; wenn nicht S dann nicht V). A und G können als Erklärungsfaktoren ausgeschlossen werden.

Sowohl die Konkordanz- als auch Differenzmethoden sind Methoden der Eliminierung. Die Konkordanzmethode beruht auf der Logik, dass alles, was mit der Erscheinung der abhängigen Variable nicht auch in Erscheinung tritt, als Ursache für diese ausgeschlossen werden kann. Der Differenzmethode liegt die Logik zugrunde, dass alles, was nicht mit der abhängigen Variable kovariiert (tritt auf – tritt auf; tritt nicht auf – tritt nicht auf) eliminiert werden kann. Mill betont, dass die Differenzmethode eine experimentelle Methode ist, da sie auf „künstliche" Eingriffe (Versuch) angewiesen ist. Die Konkordanzmethode ist eine Hilfsquelle in jenen Fällen, in denen keine Experimente durchgeführt werden können beziehungsweise die Voraussetzung für die Differenzmethode nicht vorhanden ist. Allerdings ist die Konkordanzmethode der Differenzmethode in ihrer Schlüssigkeit unterlegen.

Die Konkordanzmethode kann aber bei doppelter Anwendung ihre Analysekraft erhöhen und für den systematischen Vergleich in den Sozialwissenschaften von großem Nutzen sein. Mill nannte die doppelte Anwendung der Konkordanzmethode indirekte Differenzmethode. Die indirekte Differenzmethode besteht aus einer doppelten Anwendung der Konkordanzmethode, in der für einige Fälle das Ereignis zutrifft, für andere Fälle jedoch nicht.

Im Lichte dieser Strategie würden also zunächst Fälle identifiziert werden, in denen Vollbeschäftigung existiert, und dann untersucht werden, ob diese Fälle übereinstimmen, indem sie eine sozialdemokratische Regierung besitzen. Wenn dies der Fall sein sollte, werden Gesellschaften betrachtet, in denen keine Vollbeschäftigung vorhanden ist. Diese werden dahingehend überprüft, ob sie *keine* sozialdemokratische Regierung besitzen. Faktisch wird die Abwesenheit und Präsenz von Vollbeschäftigung mit der Abwesenheit und Präsenz einer sozialdemokratischen Regierung kreuztabelliert. Wenn alle Fälle in die Präsenz/Präsenz- oder Abwesenheit/Abwesenheit-Zellen einer 2 x 2 Matrix fallen, dann ist das Argument, dass sozialdemokratische Regierungen Vollbeschäftigung fördern, bestätigt.

Im nächsten Schritt werden weitere unabhängige Variablen sukzessiv paarvergleichend mit der abhängigen Variable kreuztabelliert. Schlussendlich werden dann alle Variablen ausgeschlossen, die nicht mit der abhängigen Variable kovariieren.

Die indirekte Differenzmethode umfasst also drei unterschiedliche Phasen (Ragin 1987: 40): zwei Anwendungen der Konkordanzmethode (einmal beim Eintreten des Ereignisses und einmal bei dessen Ausbleiben) und eine dritte Phase, durch die die unterschiedlichen Einzelerklärungseffekte durch paarweisen Vergleich reduziert werden.

Mills methodologische Darlegung erfüllt wichtige illustrative Zwecke, ist jedoch nur in äußerst einfachen Forschungszusammenhängen in den modernen Sozialwissenschaften anwendbar. Mills Methoden versagen, wenn wir mit multikausalen probabilistischen Aussagen konfrontiert werden, die im Bereich der Politikwissenschaft jedoch häufig anzutreffen sind. Selten haben wir es mit deterministischen Zusammenhängen zu tun: Nur ein Teil der Arbeitnehmer wählt Arbeiterparteien, nicht alle. Und sozialwissenschaftliche Hypothesen sind bestätigt, wenn ein signifikanter Anteil der Arbeiter von diesem Zusammenhang nicht abweicht. Auch sind fast alle politikwissenschaftlichen Phänomene von vielen verschiedenen Faktoren abhängig. Darüber hinaus baut Mills Logik auf einer (willkürlichen) Betrachtung einer geringen Anzahl von Fällen auf. Die Anforderung an die Fallauswahl basiert darauf, dass wir Fälle benötigen, die hinsichtlich der Variablenkombination entsprechend variieren. Sicherheit kann nur bestehen, wenn alle verfügbaren Kombinationen auch tatsächlich empirisch auftreten (in unserem Beispiel zur Konkordanzmethode fehlen noch zwei). Siehe hierzu auch Lieberson (1992).

Auch die modernen vergleichenden Studien, die sich auf Fallstudien beziehen, konzentrieren sich beim Vergleich dieser Fallstudien zumeist auf die Logik der Konkordanz- und indirekten Differenzmethode. Um den Vergleich zwischen verschiedenen Fallstudien durchführen zu können, gehen sehr viele Informationen verloren (Rohlfing 2009). So wurden in der Analyse von Theda Skocpol (1979) umfangreiche Prozessanalysen durchgeführt, die mit detaillierten Informationen angereichert werden. Dieser Detailreichtum der Fallstudien steht in einem krassen Gegensatz zur Vergleichsanalyse der Fälle. Um die fallspezifischen Ergebnisse für mehrere Länder vergleichbar zu gestalten, wurden die Ergebnisse auf nominale „ja/nein" Kategorien übersetzt. Darüber hinaus wurden neben den positiven Fällen (jene, die eine soziale Revolution erfahren hatten), die detailliert untersucht wurden, weitere negative Fälle hinzugezogen, denen weit weniger analytische Aufmerksamkeit entgegengebracht wurde, um überhaupt Varianz zu erzeugen.

Nominale oder qualitative Vergleiche (trifft zu/trifft nicht zu) besitzen eine deterministische Auffassung von Kausalzusammenhängen. Die Stärke einer solchen Betrachtung liegt in der Eliminierung von potenziell erklärenden Faktoren, die *keinen* eindeutigen Einfluss besitzen. So identifizierte Skocpol (1979) durch die Konkordanzmethode der positiven Fälle die wesentlichen Ursachen für ihre drei erfolgreichen Revolutionen in Frankreich, Russland (1917) und China. Gleichzeitig demonstrierte sie anhand der Konkordanzmethode der negativen Fälle, dass in England, Russland (1905), Deutschland, Preußen und Japan wesentliche Ursachen nicht gegeben waren und somit dort keine Revolution ausgelöst wurde.

Tabelle 4-2: Nominaler Vergleich in Skocpols Studie über soziale Revolutionen

	Hauptursachen		Eliminierte Hauptursachen		Ergebnis
	Staatszusammenbruch	*Bauernrevolten*	*Relative Deprivation*	*Revolten städtischer Arbeiter*	*Soziale Revolution*
Frankreich	Ja	Ja	Ja	Ja	Ja
Russland 1917	Ja	Ja	Ja	Ja	Ja
China	Ja	Ja	Ja	Nein	Ja
England	Ja	Nein	Ja	…	Nein
Russland 1905	Nein	Nein	Ja	…	Nein
Deutschland	Nein	Nein	Ja	…	Nein
Preußen	Nein	Nein	Ja	…	Nein
Japan	Nein	Nein	Ja	…	Nein

Quelle: Mahoney 1999: 1159; eigene Übersetzung.

Anhand einer solchen Analyse konnte Skocpol die Variablen „relative Deprivation" und „Revolte städtischer Arbeiter" ausschließen, da beide Faktoren sowohl für erfolgte als auch nicht erfolgte Revolutionen auftreten. Dagegen bestehen „Bedingungen des Staatszusammenbruchs" und „Bedingungen für Bauernrevolten" den Test als Erklärung für soziale Revolutionen. Allerdings trifft dies nur für „Bedingungen für Bauernrevolten" tatsächlich zu. Hinsichtlich der „Bedingungen des Staatszusammenbruchs" argumentiert

Skocpol, dass dieses Ereignis in Kombination mit „Bauernrevolten" auftreten muss. Somit fällt England aus der Untersuchung der Länder heraus, für die eine erfolgreiche soziale Revolution erwartet werden kann. In dieser konfigurativen Betrachtungsweise bestehen Staatszusammenbruch und Bauernrevolte den Test der indirekten Differenzmethode.

Insgesamt sind nominale Vergleichsanalysen ein effizientes und nachvollziehbares Instrumentarium, um konkurrierende Erklärungen zu eliminieren, denn schon ein abweichender Fall führt zu der Aufgabe, diesen Erklärungspfad weiter zu verfolgen. Damit helfen nominale Vergleichsanalysen, unnötige Variablen zu eliminieren. Allerdings offenbart sich durch die deterministische Betrachtungsweise auch ein Problem, da eben schon ein Widerspruch zur Aufgabe der Variablen führt. So wird die Arbeiterrevolte aufgrund des chinesischen Falles ausgeschlossen. Das bedeutet, je mehr Fälle berücksichtigt werden, desto häufiger kann auch die Eliminierung weiterer Variablen nicht ausgeschlossen werden. Auch hängt dieses Verfahren sehr stark von den betrachteten Fällen ab, so dass die Fallauswahl sorgfältig nach analytischen Gesichtspunkten geschehen muss, um nicht der Willkürlichkeit Tür und Tor zu öffnen.

4.3.2 Variablenorientierte Analysen

In variablenorientierten Analysen werden mehrere Fälle benötigt, um eine statistische Vergleichsanalyse durchzuführen. Des Weiteren werden die Variablen nicht nominal, sondern metrisch erfasst, um entsprechende statistische Verfahren durchführen zu können. Die metrische Erfassung von Variablen bedeutet, dass diese auf einer klar bestimmbaren Skala, auf der die Abstände zwischen den Datenpunkten gleich sein müssen (4 EURO sind doppelt so viel wie 2 EURO, so wie 100 EURO doppelt so viel wie 50 EURO sind). Dabei ist die metrische Erfassung der Variablen präziser als in nominalen Messungen. Im Gegensatz zu fallorientierten Erfassungen von Prozessen etc. ist die metrische Erfassung jedoch lediglich eindimensional.

Indem die Erfassung der Variablen in mehreren Einheiten erfolgt, können weniger deterministische Zusammenhänge untersucht werden. Ein Zusammenhang ist nicht sofort widerlegt, wenn ein Fall abweicht, wie in der nominalen Vergleichsanalyse, sondern man kann wahrscheinliche (probabilistische) Zusammenhänge unter einem vorgegebenen Unsicherheitsintervall angeben (mit einer Irrtumswahrscheinlichkeit von fünf Prozent hängen zwei Dinge zusammen).

Das wesentliche statistische Analyseinstrument in der vergleichenden Politikwissenschaft ist die Regressionsanalyse. Bezogen auf eine zu erklärende Variable (abhängige Variable) erfasst die Regressionsanalyse den Einfluss einer jeden unabhängigen Variablen unter der Bedingung, dass die anderen Variablen konstant gehalten werden. Die folgende Tabelle gibt das Ergebnis einer typischen Regressionsanalyse wieder. Es wurde der Anteil der Sozialausgaben am Bruttoinlandsprodukt in 18 OECD-Ländern untersucht.

Tabelle 4-3: Einflussfaktoren der Sozialausgaben

Rentner	1.224**
	(0.307)
	3.99
Stärke linker Regierungen	0.0807*
	(0.0356)
	2.27
Diffusion	0.0562*
	(0.0247)
	2.27
Konstante	-1.721
	(4.392)
	-.39
R^2	0.802
Korrigiertes R^2	0.760
Standardfehler des Schätzers (SEE)	2.468
N	18

B-Koeffizienten, Standardfehler in Klammern, T-Werte (kursiv)
* $p < 0.05$, ** $p < 0.01$

In diesem Fall ergibt sich das folgende Ergebnis einer Regressionsgleichung:

Sozialausgaben = -1,72 (Konstante) + 1,22 * Rentner + ,08 * Linke + ,06 * Diffusion.

Die Konstante (oder auch *intercept*) weist darauf hin, dass unter der Bedingung, dass alle unabhängigen Variablen den Wert 0 annehmen (also keine Rentner existieren, die linken Parteien null Prozent Regierungsbeteiligung erringen und keine Diffusion vorliegt), dies zu Sozialausgaben von -1,7 Prozent des Bruttoinlandsproduktes führt. Wie dieses Beispiel belegt, kann dieser Wert durchaus unrealistische Werte annehmen (allerdings sind die zugrunde liegenden Annahmen ja auch unrealistisch). Allgemein hat die Konstante keinen hohen Stellenwert in der Interpretation eines Regressionsmodells.

Die B-Koeffizienten schätzen den Einfluss der unabhängigen Variablen auf die abhängige unter Berücksichtigung der anderen Variablen. Dabei wird immer davon ausgegangen, dass die anderen Variablen konstant gehalten werden. Das bedeutet, dass unter dieser Bedingung ein einprozentiger Anstieg des Rentneranteils zu einem Anstieg der Sozialausgaben um 1,2 Prozent führt. Und unter der Annahme, dass der Rentneranteil und der Grad der Diffusion konstant gehalten werden, würden bei einer Steigerung von einem Prozent Regierungsbeteiligung linker Parteien 0,08 Prozent höhere Sozialausgaben anfallen.

Dieses Ergebnis lässt sich auch anders interpretieren. Beispielsweise kann das Ergebnis so dargestellt werden, dass der Einfluss der Regierungsbeteiligung linker Parteien zwischen dem Minimalwert 0 (USA, Kanada) bis zu dem Maximalwert 75 Prozent (Schweden) in den untersuchten OECD-Ländern einen Anstieg von sechs Prozentpunkten der Sozialausgaben erwarten lässt, wenn der Rentneranteil und die Diffusion durchschnittlich ausgeprägt sind. Hätte ein OECD-Land durchgehend eine linke Regierung besessen, lägen die Sozialausgaben bei 28 Prozent, anstatt des empirischen Wertes von 23 Prozent. So kann auch der Einfluss des Rentneranteils anschaulich dargestellt werden. Bei einem durchschnittlichen

Einfluss von Linksparteien und Diffusion beträgt die Varianz von dem Land mit dem niedrigsten Rentneranteil zu dem mit dem höchsten Anteil fast acht Prozentpunkte. Hätten schließlich alle OECD-Länder einen Rentneranteil von 17,2 Prozent wie in Deutschland, so lägen die Sozialausgaben im Durchschnitt der OECD-Länder um fast drei Prozentpunkte höher als gegenwärtig (diese Modellrechnungen wurden mit dem Programm CLARIFY durchgeführt, was besonders anschauliche Interpretationen von Regressionsanalysen erlaubt und kostenlos von der Webseite von Gary King heruntergeladen werden kann; siehe auch King u.a. 2000).

Die T-Werte geben an, ob man das Ergebnis des Einflusses der Variable zuverlässig einschätzen kann. Der T-Wert errechnet sich aus den B-Koeffizienten dividiert durch den Standardfehler. Ist dieser Wert größer als +2 oder kleiner als -2, wie in unserer Modellrechnung, können die Zusammenhänge als relativ sicher gelten (oft wird auch das Signifikanzniveau zur Einschätzung gesicherter Zusammenhänge benutzt, wobei * eine 5-prozentige und ** eine 1-prozentige Fehlerwahrscheinlichkeit bedeutet. Allerdings ist das Signifikanzniveau nur bei Regressionen angebracht, die von einer Stichprobe auf eine Grundgesamtheit schätzen).

R^2 und das korrigierte R^2 (letzteres berücksichtigt die Anzahl der untersuchten Variablen) geben an, wie aussagekräftig das gesamte Modell ist. Besonders anschaulich, allerdings nicht oft angewendet, ist der Standardfehler des Schätzers (SEE). Dieser gibt an, inwieweit die Schätzung des gesamten Modells vom empirischen Modell abweicht. In unserem Modell sind es 2,5 Prozent. Dies ist bei durchschnittlichen Sozialausgaben von ca. 23 Prozent ein recht gutes Ergebnis.

Um die Robustheit der Ergebnisse zu testen, existieren in Regressionsanalysen verschiedene Regressionsdiagnostiken, die auf besonders einflussreiche und abweichende Fälle aufmerksam machen. Dadurch lassen sich dann auch anhand der Regressionsanalyse fallspezifische Aussagen treffen (Jahn 2006a: 380-389).

Neben der Regressionsanalyse gibt es weitere Analyseverfahren, von denen die Faktorenanalyse und die Clusteranalyse häufiger Anwendung finden. Durch eine Faktorenanalyse ist es möglich zu identifizieren, ob mehrere Variablen zusammenhängen und eine oder mehrere latente Dimensionen (Faktoren) bilden. Dadurch erhält man eine Variablenreduktion, die es erlaubt effizientere Analysen durchzuführen, indem die Komplexität der Wirklichkeit reduziert wird. Lijphart (1999) hat zehn Variablen untersucht, die sich auf zwei Dimensionen zusammenfassen lassen. Hierdurch ließen sich die Ergebnisse effizient interpretieren. Die Clusteranalyse erfasst, ob sich mehrere Fälle anhand der untersuchten Variablen ähneln. Besonders anschaulich lässt sich dies anhand eines Dendrogramms darstellen. Je kürzer die Linien, desto ähnlicher sind die Fälle. In dem dargestellten Dendrogramm, welches die Sozialausgaben und den Dekommodifikationsindex (Höhe der sozialstaatlichen Ersatzzahlungen) als Variablen benutzt, zeigt sich, dass Dänemark, Schweden und Norwegen sowie Italien, Großbritannien, Kanada, Irland und Japan sich ähneln, beide Gruppen sich aber fundamental unterscheiden.

Abbildung 4-1: Ähnlichkeit der Sozialstaatlichkeit von 18 OECD-Ländern

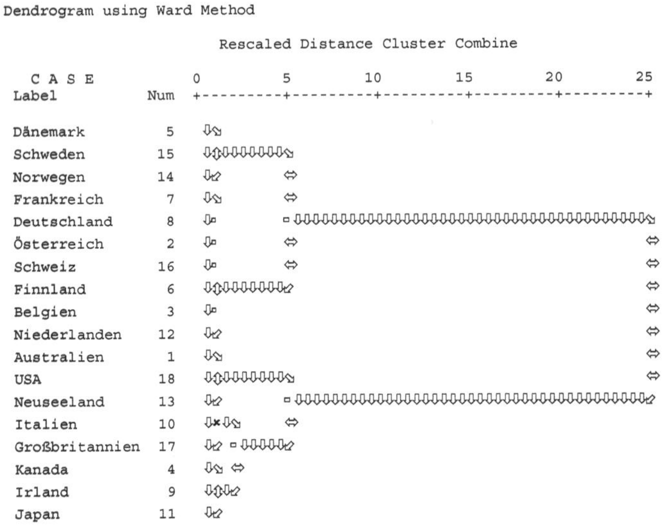

```
Dendrogram using Ward Method

                       Rescaled Distance Cluster Combine

       C A S E          0         5        10        15        20        25
       Label      Num   +---------+---------+---------+---------+---------+

       Dänemark      5
       Schweden     15
       Norwegen     14
       Frankreich    7
       Deutschland   8
       Österreich    2
       Schweiz      16
       Finnland      6
       Belgien       3
       Niederlanden 12
       Australien    1
       USA          18
       Neuseeland   13
       Italien      10
       Großbritannien 17
       Kanada        4
       Irland        9
       Japan        11
```

Kombination von Sozialausgaben 2001 und Dekommodifikationsindex von Esping-Andersen (r = .728**; p = .001)

In Anlehnung an die drei Welten des Wohlfahrtskapitalismus von Esping-Andersen (1990) lassen sich anhand dieser beiden Variablen zwei Welten erkennen, die wiederum in zwei Gruppen aufgeteilt sind: eine kontinentaleuropäische Welt (ohne Italien), die sich in Skandinavien (außer Finnland) und dem Rest einteilen lässt; sowie eine angelsächsische Welt, die sich einmal in einer „neuen Welt"-Gruppe (außer Kanada) und einer europäischen Gruppe unter Einschluss von Kanada, Japan und Italien erfassen lässt.

Anhand dieser Analyse lässt sich erkennen, dass statistische Verfahren durchaus in der Lage sind, sowohl eine variablen- als auch eine fallorientierte Analyse zu erlauben.

Eine noch stärkere Fallorientierung besitzen Analysen, die auf der Booleschen (logischen) Algebra aufbauen. Diese Analysetechnik ist eine nominale Datenanalyse, die das Verfahren der indirekten Differenzmethode optimiert. Sie wird als QCA (*Qualitative Comparative Analysis*) bezeichnet. Die Weiterentwicklung dieses Analyseverfahrens geht von einer Erfassung der Variablen aus, die die Zugehörigkeit eines Falls in einem Set bewertet. Diese flexible, allerdings oftmals auch nicht eindeutige Bewertung wird als Fuzzy-Set Analyse bezeichnet. Die Fuzzy-Set Analyse lässt auch probabilistische Zusammenhänge zu (Ragin 2000; Schneider/Wagemann 2007). Diese Analyseverfahren, die schon mit einer kleinen Anzahl von Fällen durchgeführt werden können (ab ca. zehn), kommen anders als Regressionsanalysen zu konfigurativen Ergebnissen. Alternative Wege können demzufolge zum gleichen Ergebnis führen. So wird in einer Analyse zum Wohlfahrtsstaat festgestellt, dass diese dort entstehen, wo eine starke Linksregierung besteht (1); wo Gewerkschaften stark und Gesellschaften homogen sind (2); wo ein hoher Korporatismusgrad und homogene Gesellschaften bestehen (3); und in heterogenen Gesellschaften mit einem hohen Gewerkschafts- und Korporatismusgrad (4). Das Ergebnis besteht also nicht darin, dass eine Variable einen bestimmten Einfluss auf die abhängige Variable ausübt, sondern dass es verschiedene Wege geben kann. In dem vorgestellten Fall sind es vier mögliche Wege und der Vergleich von (2) und (3) zeigt, dass Korporatismus und Gewerkschaftsgrad funktionale Äquivalente sind, und dass starke Linksregierungen (1) eine hinreichende, aber nicht notwendige Bedingung für hohe Sozialausgaben sind.

Die QCA- und ihre Weiterentwicklung als Fuzzy-Set Analyse belassen bei ihren Erklärungen die Fälle als eine Einheit und zerlegen sie nicht, wie etwa die Regressionsanalyse, in einzelne Variablen. Damit stellen diese Analysen einen Kompromiss zwischen fall- und variablenorientierten Analysen dar. Allerdings ist die Regressionsanalyse bei weitem flexibler und weiter entwickelt als die stärker fallorientierten Analysen. So sind Regressionsanalysen in der Lage Zeit- und Diffusionseffekte besser zu erfassen als andere Analyseverfahren.

4.3.3 Kombination von Fallstudien und statistischen Analysen

Die Kombination von Fallstudien und statistischen Analysen ist wünschenswert, aber oftmals sehr aufwändig. Fallstudien besitzen eindeutige Vorteile, die kausalen Mechanismen detailliert zu erfassen. Ohne Fallstudien ist es oftmals schwer möglich Scheinkorrelationen aufzudecken. Auch können die Prozesse, Motive und Details, die zu einem Zusammenhang führen, anhand von Fallstudien dargelegt werden. Dagegen weisen Fallstudien deutliche Defizite in der vergleichenden Analyse auf. Lösen sich Fallstudien von Vergleichen und bemühen sich die vergleichende Methode anzuwenden, so zeigen sich deutliche Informationsverluste. Hier besitzen statistische Analysen klare Vorteile. Statistische Analysen können nicht nur die vergleichende Methode effizient anwenden, sondern besitzen auch Vorteile, wenn es um die Repräsentativität der Ergebnisse geht.

Wenngleich immer wieder die kombinierte Anwendung von Fallstudien und statistischen Analysen gefordert wird, so sind erst vor kurzem intensivere Bemühungen angestellt worden die Anwendung beider Analyseverfahren zu verbinden (Lieberman 2005). Allgemein wird davon ausgegangen, dass zunächst eine statistische Analyse mit möglichst vielen Fällen durchgeführt werden soll. Ergeben sich hieraus robuste Ergebnisse, werden Fallstudien mit typischen Fällen, die zufällig oder bewusst ausgewählt werden können, durchgeführt, die die Ergebnisse der statistischen Analyse testen und verfeinern sollen. Vor allem steht in solchen Studien die Unterfütterung der statistischen Korrelationen mit inhaltlichen Aspekten, d.h. es werden kausale Mechanismen in ihrer Wirkungsweise spezifiziert. Ergeben sich in der statistischen Analyse keine robusten Ergebnisse, so können Fallstudien dazu benutzt werden, Wirkungszusammenhänge zu identifizieren. Dabei sollten bewusst sowohl typische als auch abweichende Fälle betrachtet werden. Das Ziel der explorativen Fallstudien besteht darin, ein neues Modell für eine statistische Analyse zu entwickeln. Dieses Modell muss dann in einem nächsten Schritt getestet werden und wenn es sich bewährt, werden wie oben beschrieben nochmals Fallstudien durchgeführt, die das Modell testen.

Neben dem hohen Arbeitsaufwand beide Verfahren zu verbinden, birgt die Kombination der Verfahren auch die Gefahr, dass das Vorgehen nicht vorhergesehen werden kann. So muss auch damit gerechnet werden, dass kombinierende Analysen zu keinem endgültigen Ergebnis kommen.

Trotz dieses Risikos sollten jedoch immer sowohl fall- als auch variablenorientierte Analysen durchgeführt werden. Dabei ist es auch wichtig, sich darüber im Klaren zu sein, dass nicht immer ein befriedigendes Ergebnis gefunden werden kann und häufig weitere Forschungsbemühungen in Zukunft notwendig sind.

Abbildung 4-2 auf der folgenden Seite, die auf Evan Lieberman (2005: 437) beruht, zeigt die Abfolgen eines verzahnten Analysemodells. Ausgehend von den Ergebnissen einer Analyse mit großer Fallzahl können modelltestende Analysen mit kleiner Fallzahl (MtAkF) bei robusten Ergebnissen bzw. modellentwickelnde Analysen mit kleiner Fallzahl (Me-AkF) bei uneindeutigen Ergebnissen der Analyse mit großer Fallzahl durchgeführt werden.

Abbildung 4-2:

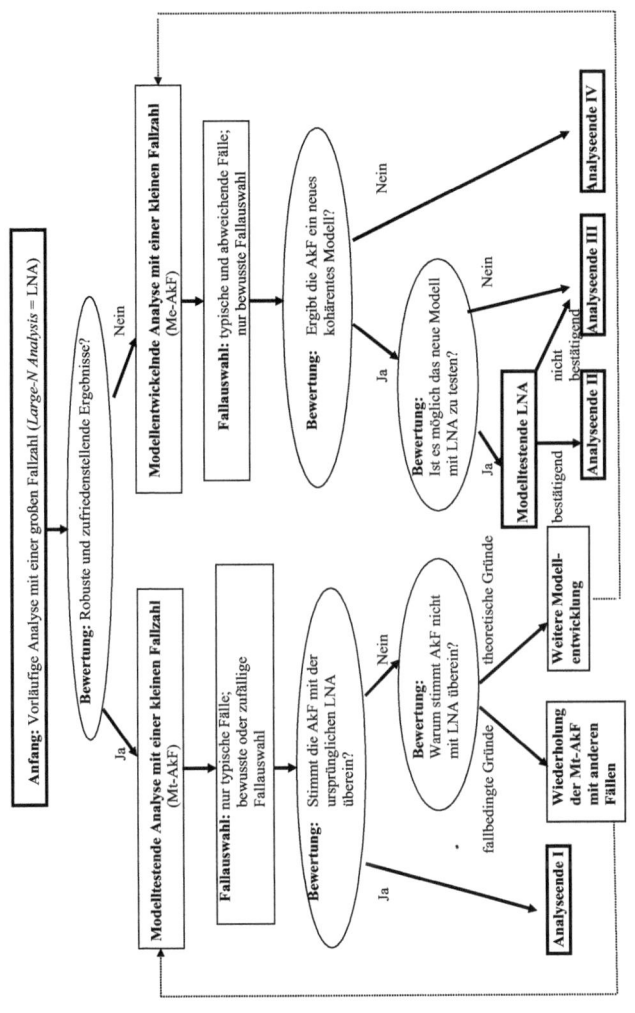

Quelle und *Erklärung*: Lieberman 2005: 437; eigene Übersetzung und Veränderungen.

Weiterführende Literatur

Achen, Christopher (1982)
Anschauliche und immer noch aktuelle Einführung in die Regressionsanalyse.

George, Alexander/Bennett, Andrew (2005)
Umfassende neue Einführung in die Analyse von Fallstudien, die die neuesten Entwicklungen auf diesem Gebiet zusammenfasst und die Fallstudienforschung wesentlich weiterentwickelt hat.

Gerring, John (2007)
Ähnlich wie George/Bennett ein innovatives Buch zum Fallstudiendesign in der Tradition eines nomologischen Wissenschaftsverständnisses.

Jahn, Detlef (2006a: Teil IV und 14; 2009a)
Jahn (2006a) führt in Analysetechniken der Fallstudie, der vergleichenden Fallstudien, in die makro-quantitativen, die makro-qualitativen sowie die kombinierenden und synthetisierenden Verfahren ein. Dabei wird u.a. auch das hier dargestellte Modell präsentiert und auf Testverfahren verwiesen. In dem Aufsatz (2009a) wird die Entwicklung der Aggregatdatenanalyse dargestellt und auf die neuesten Weiterentwicklungen hingewiesen.

Lieberman, Evan S. (2005)
Ein aktueller Aufsatz, der Vorschläge zur sinnvollen Kombination von statistischen Analysen mit Fallstudien macht.

Lijphart, Arend (1975)
In diesem Aufsatz legt der Autor die Logik und Grenzen des *most similar systems design* dar.

Mill, John S. (1890)
Um die oftmals missbräuchlich dargestellte Konkordanz- und Differenzmethode nachvollziehen zu können, ist ein Blick in das Original hilfreich. Auch gibt der Text interessante Einblicke in die Logik des Vergleichs und geht weit über die oftmals rezipierten Aspekte hinaus.

Przeworski, Adam/Teune, Henry (1982)
Ein Klassiker zur Anwendung der vergleichenden Methode in den Sozialwissenschaften. Im Rahmen der Konzeptionalisierung von Studien, die die vergleichende Methode anwenden, entwickeln die Autoren das *most different systems design* und grenzen dieses gegenüber dem *most similar systems design* ab.

Pickel, Susanne/Pickel, Gert/Lauth, Hans-Joachin/Jahn, Detlef (2009)
Umfangreiches Werk, das namhafte nationale und internationale Autoren versammelt und den aktuellen Stand der vergleichenden Forschungsmethoden veranschaulicht.

Plümper, Thomas/Troeger, Vera (2009)
Dieser Aufsatz führt relativ einfach in die neuesten Entwicklungen der Regressionsanalyse ein. Dabei werden die Probleme und Möglichkeiten gepoolter Zeitreihenanalysen dargestellt und es wird auf die Modellierung von Zeit- und Diffusionseffekten eingegangen.

Wagschal, Uwe (1999)
Grundlegende Einführung in die Statistik für Politikwissenschaftler mit einem Schwerpunkt auf die ländervergleichenden Analysetechniken.

5 Zukunft der vergleichenden Politikwissenschaft

Wie kaum auf einem anderen Gebiet wurden in der vergleichenden Politikwissenschaft in den vergangenen zwei Dekaden enorme Fortschritte gemacht. Bestanden frühere Arbeiten auf diesem Gebiet aus anekdotenhaften Vergleichen oder theorielosen Korrelationsanalysen, so hat sich ein theoriebewusstes und methodenorientiertes Vorgehen verfestigt. Diese Entwicklung ist jedoch noch nicht abgeschlossen.

Die Entwicklung im Teilgebiet der vergleichenden Politikwissenschaft erfolgt durch eine integrative Spezialisierung. Diese widersprüchlich anmutende Entwicklung ist äußerst fruchtbar für den disziplinären Zusammenhalt, stellt den Anfänger jedoch vor große Probleme beim Einstieg in das Fach. Wesentliches Charakteristikum dieser Entwicklung ist, dass zunehmend Elemente aus vermeintlich entgegengesetzten Strömungen aufgenommen werden. So nimmt die eher qualitative Forschung verstärkt Elemente einer nomothetischen Logik auf, um zu besser abgesicherten und repräsentativen Ergebnissen zu gelangen. Umgekehrt sieht die eher quantitativ orientierte Forschung ihre Grenzen und legt mehr Wert auf die Erfassung von kausalen Mechanismen und Interaktionen. Die Integration von unterschiedlichen Elementen lässt sich gegenwärtig vor allem in zwei Bereichen ausmachen: im Bereich von Methoden und Modellen einerseits und im Bereich von nationalen und internationalen Einflüssen andererseits. Im ersten Fall ist eine engere Verzahnung von Theorie und Empirie zu erkennen, während im zweiten Fall die Subdisziplinen Internationale Beziehungen und vergleichende Politikwissenschaft enger zusammenwachsen.

5.1 Methoden und Modelle

Die letzten Jahre waren durch eine methodologische Entwicklung im Teilgebiet der vergleichenden Politikwissenschaft bestimmt (Pickel u.a. 2009). Diese Entwicklung hat die Grenze zwischen qualitativen und quantitativen Annäherungen an den Forschungsgegenstand zunehmend obsolet gemacht. Wenngleich dieses Begriffspaar auch heute noch seine Bedeutung hat, ist es eher Orientierung als Abgrenzung. In der qualitativen Forschung wurden durch die Initiative von King u.a. (1994) intensive Anstrengungen unternommen, qualitative Studien stärker an sozialwissenschaftliche Kriterien anzubinden. Dies konnte nur gelingen, weil das Vorgehen stärker an Modelle und Theorien angebunden wurde. Methodologische Verfahren wie systematische Prozessanalysen, *pattern matching* und analytische Narrative sind durch eine Anbindung an Modelle und Theorien gekennzeichnet.

Dasselbe Bild ergibt sich auf Seiten der eher quantitativ ausgerichteten Forschung. In jüngster Zeit rücken Aggregatdatenanalysen von einer ausschließlichen Zusammenhangsanalyse von isolierten Variablen ab und entwickeln stattdessen Modelle, die Zusammenhänge theorieorientiert erklären können (Jahn 2009a). Modelle unterscheiden sich von einfachen Hypothesentests dadurch, dass nicht nur Variablen aus einem theoretisch vermuteten Zusammenhang abgeleitet werden, sondern dass sich mehrere Variablen identifizieren lassen, die durch eine Kette von Zusammenhängen ein Phänomen erklären. Besonders vielversprechend sind in dieser Hinsicht Modelle, die verhaltensorientierte Ansätze mit institutionellen Analysen verbinden. Dabei gehen diese Analysen auf den Kontext von Akteursverhalten und Institutionengefüge ein (Laver/Shepsle 1996; Tsebelis 2002).

Die Modellierung des politischen Prozesses in Aggregatdatenanalysen steht noch an ihren Anfängen, da solche Analysen voraussetzungsvoll sind. Für diese Analyse müssen die Präferenzen der Akteure – zumeist in mehreren Dimensionen – erfasst werden. Wenn es sich um eine Langzeitanalyse in Verbindung mit einem Ländervergleich handelt, müssen auch die Veränderungen der Präferenzen erfasst werden. Daneben muss die gewichtete Einflussnahme der Akteure in den unterschiedlichen Institutionen erfasst werden.

Eine Initiative, die formalen Modelle mit empirischen Analysen zu verbinden, findet in den regulär veranstalteten Sommerschulen im Rahmen des EITM-Programms (*Empirical Implications of Theoretical Models*) (Aldrich u.a. 2008) statt. Neben der Modellierung formaler Modelle werden auch andere theoretische Bezüge genutzt, um die empirische Analyse mit der theoretischen zu verknüpfen (McDonald/Budge 2005).

Kein triviales Problem dieser Entwicklung besteht darin öffentlich zugängliche und valide Datensätze bereitzustellen. In vielen Bereichen ist die analytisch-theoretische Entwicklung rasant, aber die empirische Umsetzung hinkt hinterher. Allerdings konzentrieren sich einige Politikwissenschaftler darauf ihre analytischen Arbeiten mit öffentlich zugänglichen Datensätzen zu untermauern. Dieses Bemühen erleichtert gerade Anfängern Replikationen durchzuführen und dadurch einen Einstieg in die vergleichende Datenanalyse zu erhalten. Besonders empfehlenswert sind die Webseiten von Klaus Armingeon (allgemeiner Datensatz), Detlef Jahn (Datensatz zu Parteienpositionen und dem politischen Prozess), Gary Marks und Lisbet Hooghe (Parteienpositionen und Lokalregierungen), sowie der Party Manifesto Datensatz des WZB und unterschiedliche vergleichende Datensätze des Gesis.

5.2 Globalisierung und vergleichende Methode

Die Globalisierung hat einen fundamentalen Einfluss auf die vergleichende Methode. Wenn die Fälle (Länder) nicht mehr unabhängig voneinander sind, können durch die vergleichende Analyse keine gesicherten Ergebnisse erbracht werden. Denn wenn die Ergebnisse nicht durch fallimmanente Eigenschaften verursacht werden, sondern durch externe Einflüsse, die auf alle Fälle wirken, sind die fallinhärenten Eigenschaften weniger wichtig. Dieses Phänomen der Diffusion von Politik ist in der Politikwissenschaft nicht neu und wird als Galtonsproblem bezeichnet.

Methodisch weniger versierte Autoren sehen in der zunehmenden Globalisierung und der damit verbundenen Vernetzung von Staaten das Ende der vergleichenden Politikwissenschaft. Allerdings haben sich in diesem Bereich in den vergangenen Jahren die größten konzeptionellen und methodologischen Innovationen innerhalb der vergleichenden Politikwissenschaft ergeben (Beck u.a. 2006; Jahn 2006b; 2009b; Franzese/Hays 2009; Plümper/Neumayer 2010).

Die zunehmende Berücksichtigung von internationalen Effekten auf die staatliche Politik und die Wirkung von staatlicher Politik auf die internationalen Beziehungen hat zu einer fruchtbaren Verbindung zwischen vergleichender Politikwissenschaft und Internationalen Beziehungen geführt (Solingen 2009). Dieses Zusammenspiel wird sich auch in Zukunft weiter intensivieren und stellt somit ein zukunftsträchtiges Unternehmen dar.

***

Die fruchtbaren Entwicklungen in der vergleichenden Politikwissenschaft machen es Anfängern auf diesem Gebiet jedoch nicht leicht. Die Verbindung von qualitativen und quantitativen Forschungsstrategien und die Annäherung von vergleichender Politikwissenschaft und Internationalen Beziehungen sind auch deshalb problematisch, weil sich in jedem der aufgezählten Gebiete eine Spezialisierung und Differenzierung durchgesetzt hat. Daher ist es schwierig, einen Anknüpfungspunkt zu finden. Das Ziel dieser kurzen Einführung ist es, dass zunächst einmal ein Überblick über die Vielfalt und Komplexität der vergleichenden Politikwissenschaft gegeben wird. Dabei wird von einer Einführung in die inhaltlichen Aspekte weitgehend abgesehen. Der Schwerpunkt liegt auf der Logik der vergleichenden Methode in der Politikwissenschaft. Diese ist voraussetzungsvoll. Wenn sich die vergleichende Politikwissenschaft von einer anekdotenhaften zeitgeschichtlichen Beschreibung zu einer ausgewachsenen sozialwissenschaftlichen Disziplin entwickeln soll, ist dies allerdings der Preis, der bezahlt werden muss.

Weiterführende Literatur

Bernauer, Thomas/Jahn, Detlef/Kuhn, Patrick/Walter, Stefanie (2009)
Neue Einführung in die Politikwissenschaft mit einem besonderen Gewicht auf Theorie und Methoden, sowie einer verbindenden Perspektive von vergleichender Politikwissenschaft und internationalen Beziehungen.

Oxford Handbooks
Oxford University Press hat in den vergangenen zwei Jahren umfangreiche Darstellungen zu verschiedenen Gebieten der Politikwissenschaft herausgegeben. Von besonderer Relevanz für die vergleichende Politikwissenschaft ist das *Handbook of Comparative Politics* (Boix 2007), *Handbook of Political Methodology* (Box-Steffensmeier u.a. 2008) und das *Handbook of Political Economy* (Weingast/Wittman 2008).

Solingen, Etel (2009)
Die Autorin stellt dar, wie sich in Zeiten einer zunehmenden Globalisierung internationale Faktoren auf die staatliche Ebene auswirken und wie nationalstaatliche Politik die internationale Politik bestimmt.

Verwendete Literatur

Achen, Christopher H. 1982: *Interpreting and Using Regression.* Newbury Park, CA: Sage.

Adcock, Robert/Collier, David 2001: Measurement Validity: A Shared Standard for Qualitative and Quantitative Research, in: *The American Political Science Review* 95, 3, 529-546.

Aldrich, John/Alt, James/Lupia, Arthur 2008: The EITM Approach: Origins and Interpretations, in: Box-Steffensmeier, Janet/Brady, Henry E./Collier, David (Hg.), *Oxford Handbook of Political Methodology.* Oxford: Oxford University Press.

Almond, Gabriel A./Powell, G. Bingham Jr. 1966: *Comparative Politics: A Developmental Approach.* Boston, MA: Little, Brown and Co.

Almond, Gabriel A./Powell, G. Bingham/Dalton, Russell J./Strøm, Kaare 2008: *Comparative Politics Today: A World View.* 9. Auflage, New York, NY: Longman + Pearson.

Almond, Gabriel A./Verba, Sidney 1963: *The Civic Culture: Political Attitudes and Democracy in Five Nations.* Princeton, NJ: Princeton University Press.

Almond, Gabriel A./Verba, Sidney 1980: *The Civic Culture Revisited: An Analytic Study.* Boston, MA: Little, Brown and Co.

Aron, Raymond 1959: Relativism in History, in: Meyerhoff, Hans (Hg.), *The Philosophy of History in our Time: An Anthology.* Garden City, NY: Doubleday, 153-162.

Baltz, Konstantin 2009: Spieltheoretische Modellierung in den international vergleichenden Beziehungen, in: Pickel, Susanne/Pickel, Gert/Lauth, Hans-Joachim/Jahn, Detlef (Hg.), Methoden der vergleichenden Politik- und Sozialwissenschaft: Neue Entwicklungen und Anwendungen. Wiesbaden: VS Verlag.

Bates, Robert H./Greif, Avner/Levi, Margaret/Rosenthal, Jean-Laurent/ Weingast, Barry R. 1998: *Analytic Narratives.* Princeton, NJ: Princeton University Press.

Beck, Nathaniel/Gleditsch, Kristian Skrede/Beardsley, Kyle 2006: Space Is More than Geography: Using Spatial Econometrics in the Study of Political Economy, in: *International Studies Quarterly* 50, 27-44.

Bell, Daniel 1999: The Coming of Post-Industrial Society. A Venture in Social Forecasting. 3. Auflage, New York, NY: Basic Books.

Berg-Schlosser, Dirk/Müller-Rommel, Ferdinand (Hg.) 2003: *Vergleichende Politikwissenschaft*. 4. Auflage, Opladen: Leske + Budrich (UTB).

Bernauer, Thomas/Jahn, Detlef/Kuhn, Patrick/Walter, Stefanie 2009: *Einführung in die Politikwissenschaft*. Nomos: Baden-Baden.

Biglaiser, Glen/DeRouen Jr., Karl 2004: The Expansion of Neoliberal Economic Reforms in Latin America, in: *International Studies Quarterly* 48, 3, 561-578.

Boix, Carles 2007: *The Oxford Handbook of Comparative Politics*. Oxford: Oxford University Press.

Box-Steffensmeier, Janet/Brady, Henry E./Collier, David 2008: *The Oxford Handbook of Political Methodology*. Oxford: Oxford University Press.

Braun, Dietmar/Gilardi, Fabrizio 2006: Taking „Galton's Problem" Seriously. Towards a Theory of Policy Diffusion, in: *Journal of Theoretical Politics* 18, 3, 298-322.

Campbell, Donald T. 1977/1988: *Descriptive Epistemology: Psychological, Sociological, and Evolutionary*. Chicago, IL: University of Chicago Press.

Campbell, Donald T./Stanley, Julian C./Gage, N. L. 1963: *Experimental and Quasi-Experimental Designs for Research*. Chicago, IL: Rand McNally.

Caramani, Daniele (Hg.) 2008: *Comparative Politics*. Oxford: Oxford University Press.

Castles, Francis G. (Hg.) 1993: *Families of Nations: Patterns of Public Policy in Western Democracies*. Aldershot: Dartmouth.

Chilcote, Ronald H. 1994: Theories of Comparative Politics: The Search for a Paradigm Reconsidered. 2. Auflage, Boulder, CO: Westview Press.

Collier, David 1993: The Comparative Method, in: Finifter, Ada W. (Hg.), *Political Science: The State of the Discipline II*. Washington, DC: American Political Science Association 105-119.

Collier, David/Mahoney, James/Seawright, Jason 2004: Claiming Too Much. Warnings about Selection Bias, in: Brady, Henry E./Collier, David (Hg.), *Rethinking Social Inquiry. Diverse Tools, Shared Standards*. Lanham, MD: Rowman&Littlefield, 85-102.

Crepaz, Markus M. 2002: Global, Constitutional, and Partisan Determinants of Redistribution in Fifteen OECD Countries, in: *Comparative Politics* 34, 2, 169-188.

Dalton, Russell J. 2003: Vergleichende Wertewandelforschung, in: Berg-Schlosser, Dirk/Müller-Rommel, Ferdinand (Hg.), *Vergleichende Politikwissenschaft*. 4. Auflage, Opladen: Leske + Budrich, 151-165.

Deth, Jan W. van (Hg.) 1998: *Comparative Politics. The Problem of Equivalence*. London: Routledge.

Diamond, Larry J. 1993: *Political Culture and Democracy in Developing Countries*. Boulder, CO: Lynne Rienner.

Easton, David 1979: *A Systems Analysis of Political Life*. Chicago, IL: University of Chicago Press.

Ebbinghaus, Bernhard 2005: Can Path Dependence Explain Institutional Change? Two Approaches Applied to Welfare State Reform, in: *MPIfG Discussion Paper 05*.

Eckstein, Harry 1975: Case Study and Theory of Political Science, in: Greenstein, Fred I./Polsby, Nelson W. (Hg.), *Handbook of Political Science*. Reading, MA: Addison-Wesley, 79-137.

Esping-Andersen, Gøsta 1990: *The Three Worlds of Welfare Capitalism*. Princeton, NJ: Princeton University Press.

Faure, Andrew M. 1994: Some Methodological Problems in Comparative Politics, in: *Journal of Theoretical Politics* 6, 3, 307-322.

Franzese, Robert J./Hays, Jude C. 2009: Empirical Modeling of Spatial Interpendence in Time-Series-Cross-Sections, in: Pickel, Susanne/Pickel, Gert/Lauth, Hans-Joachim/Jahn, Detlef (Hg.), Methoden der vergleichenden Politik- und Sozialwissenschaft: Neue Entwicklungen und Anwendungen. Wiesbaden: VS Verlag.

Gallagher, Michael/Laver, Michael/Mair, Peter 2006: *Representative Government in Modern Europe*. 4. Auflage, Boston, MA: McGraw-Hill.

Garrett, Geoffrey 1998: *Partisan Politics in the Global Economy*. Cambridge: Cambridge University Press.

Geddes, Barbara 2003: *Paradigms and Sand Castles: Theory Building and Research Design in Comparative Politics*. Ann Arbor, MI: University of Michigan Press.

George, Alexander L./Bennett, Andrew 2005: *Case Studies and Theory Development in the Social Sciences*. Cambridge, MA: The MIT Press.

Gerring, John 2001: *Social Science Methodology: A Criterial Framework*. Cambridge: Cambridge University Press.

Gerring, John 2007: *Case Study Research: Principles and Practices*. Cambridge: Cambridge University Press.

Guggenberger, Bernd/Offe, Claus (Hg.) 1984: *An den Grenzen der Mehrheitsdemokratie. Politik und Soziologie der Mehrheitsregel*. Opladen: Westdeutscher Verlag.

Habermas, Jürgen 1981: *Theorie des kommunikativen Handelns*. Zwei Bände. Frankfurt: Suhrkamp.

Hall, Peter A. 2003: Aligning Ontology and Methodology in Comparative Politics, in: Mahoney, James/Rueschemeyer, Dietrich (Hg.), *Comparative Historical Analysis in the Social Sciences*. Cambridge: Cambridge University Press, 373-404.

Hall, Peter A./Soskice, David W. (Hg.) 2001: *Varieties of Capitalism: The Institutional Foundations of Comparative Advantage.* Oxford: Oxford University Press, 1-68.

Huntington, Samuel P. 1996: *The Clash of Civilizations and the Remaking of World Order.* New York, NY: Simon & Schuster.

Inglehart, Ronald 1977: *The Silent Revolution: Changing Values and Political Styles among Western Publics.* Princeton, NJ: Princeton University Press.

Inglehart, Ronald 1998: *Modernisierung und Postmodernisierung: Kultureller, wirtschaftlicher und politischer Wandel in 43 Gesellschaften.* Frankfurt am Main, New York, NY: Campus.

Inglehart, Ronald/Welzel, Christian 2005: *Modernization, Cultural Change and Democracy.* Cambridge: Cambridge University Press.

Ismayr, Wolfgang (Hg.) 2008: *Gesetzgebung in Westeuropa. EU-Staaten und Europäische Union.* Wiesbaden: VS Verlag.

Ismayr, Wolfgang (Hg.) 2009: *Die politischen Systeme Westeuropas.* 4. Auflage, Wiesbaden: VS Verlag.

Ismayr, Wolfgang (Hg.) 2010: *Die politischen Systeme Osteuropas.* 3. Auflage, Wiesbaden: VS Verlag.

Jahn, Detlef 1998: Environmental Performance and Policy Regimes: Explaining Variations in 18 OECD-Countries, in: *Policy Sciences* 31, 2, 107-131.

Jahn, Detlef 2005: Fälle, Fallstricke und die komparative Methode in der vergleichenden Politikwissenschaft, in: Kropp, Sabine/Minkenberg, Michael (Hg.), *Vergleichen in der Politikwissenschaft.* Wiesbaden: VS Verlag, 55-75.

Jahn, Detlef 2006a: *Einführung in die vergleichende Politikwissenschaft.* Wiesbaden: VS Verlag.

Jahn, Detlef 2006b: Globalization as „Galton's Problem:" The Missing Link in the Analysis of the Diffusion Patterns in Welfare State Development, in: *International Organization* 60, 2, 401-431.

Jahn, Detlef 2007: Was ist Vergleichende Politikwissenschaft? Standpunkte und Kontroversen, in: *Zeitschrift für Vergleichende Politikwissenschaft* 1, 9-27.

Jahn, Detlef 2009a: Die Aggregatdatenanalyse in der vergleichenden Politikwissenschaft, in: Pickel u.a. (Hg.): 173-196.

Jahn, Detlef 2009b: Globalisierung als Galtonproblem: Regionale und temporale Diffusionsschübe, in: Pickel, Susanne/Pickel, Gert/Lauth, Hans-Joachim/Jahn, Detlef (Hg.), *Methoden der vergleichenden Politik- und Sozialwissenschaft: Neue Entwicklungen und Anwendungen.* Wiesbaden: VS Verlag.

Jahn, Detlef 2010: The Veto Player Approach in Macro-Comparative Politics, in: König, Thomas/Tsebelis, George/Debus, Marc (Hg.), *Reform Processes and Policy Change: Veto players and Decision-Making in Modern Democracies*. Berlin: Springer Publisher, (im Druck).

Jahn, Detlef 2011: *Untersuchungsdesigns in der Politikwissenschaft*. Wiesbaden: VS Verlag (in Bearbeitung).

Kersbergen, Kees van 1995: *Social Capitalism: A Study of Christian Democracy and the Welfare State*. London: Routledge.

King, Gary 1997: *A Solution to the Ecological Inference Problem: Reconstructing Individual Behavior from Aggregate Data*. Princeton, NJ: Princeton University Press.

King, Gary/Keohane, Robert O./Verba, Sidney 1994: *Designing Social Inquiry: Scientific Inference in Qualitative Research*. Princeton, NJ: Princeton University Press.

King, Gary/Tomz, Michael/Wittenberg, Jason 2000: Making the Most of Statistical Analyses: Improving Interpretation and Presentation, in: *American Journal of Political Science* 44, 2, 341-355.

Kitschelt, Herbert/Lange, Peter/Marks, Gary/Stephens, John 1999: Continuity and Change in Contemporary Capitalism, in: Kitschelt, Herbert/Lange, Peter/Marks, Gary/Stephens, John (Hg.), *Continuity and Change in Contemporary Capitalism*. Cambridge: Cambridge University Press, 427-460.

Kittel, Bernhard 2006: A Crazy Methodology? On the Limits of Macro-Quantitative Social Science Research, in: *International Sociology* 5, 21, 647-677.

Kittel, Bernhard 2009: Statistische Erfordernisse und Inferenzschlüsse in makroquantitativ vergleichenden Forschungsdesigns, in: Pickel, Susanne/Pickel, Gert/Lauth, Hans-Joachim/Jahn, Detlef (Hg.), Methoden der vergleichenden Politik- und Sozialwissenschaft: Neue Entwicklungen und Anwendungen. Wiesbaden: VS Verlag.

Korpi, Walter 1983: *The Democratic Class Struggle*. London: Routledge & K. Paul.

Kriesi, Hanspeter 2007/8: *Vergleichende Politikwissenschaft. Eine Einführung*. 2 Bände. Baden-Baden: Nomos.

Landman, Todd 2003: *Issues and Methods in Comparative Politics. An Introduction*. 2. Auflage, London: Routledge.

LaPalombara, Joseph 1974: *Politics Within Nations*. Englewood Cliffs, NJ: Prentice-Hall.

Lauth, Hans-Joachim (Hg.) 2006: *Vergleichende Regierungslehre. Eine Einführung*. 2. Auflage, Wiesbaden: VS Verlag.

Laver, Michael/Shepsle, Kenneth A. 1996: *Making and Breaking Governments. Cabinets and Legislatures in Parliamentary Democracies.* Cambridge: Cambridge University Press.

Lehner, Franz/Widmaier, Ulrich 2002: *Vergleichende Regierungslehre.* 4. Auflage, Opladen: Leske + Budrich.

Levi, Margaret 2009: Reconsideration of rational Choice in Comparative and Historical Analysis, in: Lichbach, Mark I./Zuckerman, Alan S. (Hg.), *Comparative Politics: Rationality, Culture, and Structure.* Cambridge: Cambridge University Press, 117-133.

Lichbach, Mark I. 1997: Social Theory and Comparative Politics, in: Lichbach, Mark I./Zuckerman, Alan S. (Hg.), *Comparative Politics: Rationality, Culture, and Structure.* Cambridge: Cambridge University Press, 239-276.

Lichbach, Mark I./Zuckerman, Alan S. (Hg.) 1997: *Comparative Politics: Rationality, Culture, and Structure.* Cambridge: Cambridge University Press.

Lichbach, Mark I./Zuckerman, Alan S. 2009: *Comparative Politics: Rationality, Culture, and Structure.* Cambridge: Cambridge University Press.

Lieberman, Evan S. 2005: Nested Analysis as a Mixed-Method Strategy for Comparative Research, in: *American Political Science Review* 99, 3, 435-452.

Lieberson, Stanley 1992: Small N's and Big Conclusions: An Examination of the Reasoning in Comparative Studies based on a Small Number of Cases, in: Ragin, Charles C./Becker, Howard Saul (Hg.), *What is a Case? Exploring the Foundations of Social Inquiry.* Cambridge: Cambridge University Press, 105-118.

Lijphart, Arend 1971: Comparative Politics and the Comparative Method, in: *American Political Science Review* 65, 3, 682-693.

Lijphart, Arend 1975: The Comparable-Cases Strategy in Comparative Research, in: *Comparative Political Studies* 8, 2, 158-177.

Lijphart, Arend 1999: *Patterns of Democracy. Government Forms and Performance in Thirty-Six Countries.* New Haven, CT: Yale University Press.

Lipset, Seymour Martin 1959: Some Social Requisites of Democracy: Economic Development and Political Legitimacy, in: *American Political Science Review* 53, 1, 69-105.

Locke, Richard M./Thelen, Kathleen 1995: Apples and Oranges Revisited: Contextualized Comparison and the Study of Comparative Labor Politics, in: *Politics and Society* 23, 3, 337-367.

Lutz, Burkart 1984: *Der kurze Traum immerwährender Prosperität. Eine Neuinterpretation der industriell-kapitalistischen Entwicklung im Europa des 20. Jahrhunderts.* Frankfurt am Main: Campus.

Macridis, Roy C. 1955: *The Study of Comparative Government.* New York, NY: Random House.

Mahoney, James 1999: Nominal, Ordinal, and Narrative Appraisal in Macro-causal Analysis, in: *American Journal of Sociology* 104, 4, 1154-1196.

Marx, Karl 1961: Zur Kritik der Politischen Ökonomie, in: *Karl Marx und Friedrich Engels Werke,* Band 23. Berlin: Dietz, 1-60.

Massing, Otwin 1970: Vergleichende Regierungslehre (Comparative Government) – Zur Konvergenz von Soziologie und Politikwissenschaft, in: Kress, Gisela/Senghaas, Dieter (Hg.), *Politikwissenschaft: eine Einführung in ihre Probleme.* 2. Auflage, Frankfurt am Main: Europäische Verlags-Anstalt, 286-323.

Mayer, Lawrence C. 1989: *Redefining Comparative Politics: Promise Versus Performance.* Newbury Park, CA: Sage.

McDonald, Michael D./Budge, Ian 2005: *Elections, Parties, Democracy. Conferring the Median Mandate.* Oxford: Oxford University Press.

Merkel, Wolfgang 1999: *Systemtransformation: Eine Einführung in die Theorie und Empirie der Transformationsforschung.* Opladen: Leske + Budrich.

Mill, John S. 1890: *A System of Logic, Ratiocinative and Inductive: Being a Connected View of the Principles of Evidence and the Methods of Scientific Investigation.* 8. Auflage, New York, NY: Harper and Brothers.

Milner, Henry 2002: *Civic Literacy: How Informed Citizens Make Democracy Work.* Hanover, NH: University Press of New England.

Minkenberg, Michael/Willems, Ulrich (Hg.) 2003: *Politik und Religion.* Politische Vierteljahresschrift Sonderheft 33, Wiesbaden: VS Verlag.

Morton, Rebecca B. 1999: *Methods and Models: A Guide to the Empirical Analysis of Formal Models in Political Science.* Cambridge: Cambridge University Press.

Nagel, Ernst 1959: The Logic of Historical Analysis, in: Meyerhoff, Hans (Hg.), *The Philosophy of History in our Time: An Anthology.* Garden City, NY: Doubleday, 203-215.

Newton, Kenneth/Deth, Jan W. van 2005: *Foundations of Comparative Politics.* Cambridge: Cambridge University Press.

Novy, Leonard/Brusis, Martin/Kuhn, Andrea/Schraad-Tischler, Daniel 2009: Sustainable Governance in the OECD – An Overview of Findings, in: Bertelsmann Stiftung (Hg.), *Sustainable Governance Indicators 2009. Policy Performance and Executive Capacity in the OECD.* Gütersloh: Verlag Bertelmann Stiftung, 19-70.

Olson, Mancur 1992: *Die Logik des kollektiven Handelns: Kollektivgüter und die Theorie der Gruppen.* 3. Auflage, Tübingen: Mohr.

Ostrom, Elinor. 1990: *Governing the Commons. The Evolution of Institutions for Collective Action.* Cambridge: Cambridge University Press.

Pappi, Franz Urban 2003: Theorien, Methoden und Forschungsansätze, in: Münkler, Herfried (Hg.), *Politikwissenschaft. Ein Grundkurs.* Reinbek: Rowohlt, 77-100.

Pelinka, Anton 2005: *Vergleich politischer Systeme.* Wien: Böhlau (UTB).

Perry, Robert L./Robertson, John D. 2002: *Comparative Analysis of Nations: Quantitative Approaches.* Boulder, CO: Westview Press.

Peters, B. Guy 1998: *Comparative Politics: Theory and Methods.* Basingstoke: Macmillan.

Pickel, Susanne/Pickel, Gert 2006: *Politische Kultur- und Demokratieforschung im internationalen Vergleich. Eine Einführung.* Wiesbaden: VS Verlag.

Pickel, Susanne/Pickel, Gert/Lauth, Hans-Joachim/Jahn, Detlef (Hg.) 2009: *Methoden der vergleichenden Politik- und Sozialwissenschaft. Neue Entwicklungen und Anwendungen.* Wiesbaden: VS Verlag.

Pierson, Paul 2004: *Politics in Time. History, Institutions, and Social Analysis.* Princeton, NJ: Princeton University Press.

Plasser, Fritz/Pribersky, Andreas (Hg.) 1996: *Political Culture in East Central Europe.* Aldershot: Avebury.

Plümper, Thomas/Troeger, Vera E. 2009: Fortschritte in der Paneldatenanalyse: Alternativen zum de facto Beck-Katz-Standard, in: Pickel, Susanne/Pickel, Gert/Lauth, Hans-Joachim/Jahn, Detlef (Hg.), Methoden der vergleichenden Politik- und Sozialwissenschaft: Neue Entwicklungen und Anwendungen. Wiesbaden: VS Verlag.

Plümper, Thomas/Neumayer, Eric 2010: Specification Problems in the Analysis of Spatial Dependence, in: *European Journal of Political Research* 49, 418-442.

Przeworski, Adam/Teune, Henry 1982: *The Logic of Comparative Social Inquiry.* Malabar, FL: Krieger.

Putnam, Robert D. 1993: *Making Democracy Work: Civic Traditions in Modern Italy.* Princeton, NJ: Princeton University Press.

Putnam, Robert D. 2000: *Bowling Alone: The Collapse and Revival of American Community.* New York, NY: Simon & Schuster.

Putnam, Robert D. (Hg.) 2002: *Democracies in Flux. The Evolution of Social Capital in Contemporary Society.* Oxford: Oxford University Press.

Pye, Lucian W. 1985: *Asian Power and Politics: The Cultural Dimensions of Authority.* Cambridge, MA: Belknap Press.

Ragin, Charles C. 1987: *The Comparative Method: Moving Beyond Qualitative and Quantitative Strategies.* Berkeley, CA: University of California Press.

Ragin, Charles C. 2000: *Fuzzy-Set Social Science.* Chicago, IL: University of Chicago Press.

Robinson, William S. 1950: Ecological Correlations and the Behaviour of Individuals, in: *American Sociological Review* 15, 3, 351-357.

Rohlfing, Ingo 2009: Vergleichende Fallanalysen, in: Pickel, Susanne/Pickel, Gert/Lauth, Hans-Joachim/Jahn, Detlef (Hg.), Methoden der vergleichenden Politik- und Sozialwissenschaft: Neue Entwicklungen und Anwendungen. Wiesbaden: VS Verlag.

Rokkan, Stein 1966: Norway: Numerical Democracy and Corporate Pluralism, in: Dahl, Robert Alan (Hg.), *Political Oppositions in Western Democracies*. New Haven, CT: Yale University Press, 70-115.

Rokkan, Stein 2000: *Staat, Nation und Demokratie in Europa. Die Theorie Stein Rokkans aus seinen gesammelten Werken*. Übersetzt von Peter Flora, Frankfurt am Main: Suhrkamp.

Ross, Marc H. 1997: Culture and Identity in Comparative Political Analysis, in: Lichbach, Mark I./Zuckerman, Alan S. (Hg.), *Comparative Politics: Rationality, Culture, and Structure*. Cambridge: Cambridge University Press, 42-80.

Ross, Marc H. 2009: Culture in Comparative Political Analysis, in: Lichbach, Mark I./Zuckerman, Alan S. (Hg.), *Comparative Politics: Rationality, Culture, and Structure*. Cambridge: Cambridge University Press, 134-161.

Ross, Marc H./Homer, Elizabeth L. 1976: Galton´s Problem in Cross National Research, in: *World Politics* 29, 1, 1-28.

Rucht, Dieter 1994: *Modernisierung und neue soziale Bewegungen: Deutschland, Frankreich und USA im Vergleich*. Frankfurt am Main: Campus.

Rudra, Nita 2004: Openness, Welfare Spending, and Inequality in the Developing World, in: *International Studies Quarterly* 48, 3, 683-709.

Sartori, Giovanni 1984: Guidelines for Concept Analysis, in: Sartori, Giovanni (Hg.), *Social Science Concepts: A Systematic Analysis*. Beverly Hills, CA: Sage, 15-85.

Sartori, Giovanni 1991: Comparing and Miscomparing, in: *Journal of Theoretical Politics* 3, 3, 243-257.

Schmidt, Manfred G. 2008: *Demokratietheorien*. 4. Auflage, Wiesbaden: VS Verlag.

Schneider, Carsten Q./Wageman, Claudius 2007: *Qualitative Comparative Analysis (QCA) und Fuzzy Sets. Ein Lehrbuch für Anwender und jene, die es werden wollen*. Opladen: Barbara Budrich Verlag.

Shepsle, Kenneth A/Bonchek, Mark S. 1997: *Analyzing Politics. Rationality, Behavior and Institution*. New York: Norton.

Siaroff, Alan 1999: Corporatism in 24 Industrial Democracies: Meaning and Measurement, in: *European Journal of Political Research* 36, 6, 175-205.

Skocpol, Theda 1979: *States and Social Revolutions: A Comparative Analysis of France, Russia, and China*. Cambridge: Cambridge University Press.

Smelser, Neil J. 1976: *Comparative Methods in the Social Sciences.* Englewood Cliffs, NJ: Prentice-Hall.

Solingen, Etel 2009: The Global Context of Comparative Politics, in: Lichbach, Mark I./ Zuckerman, Alan S. (Hg.), *Comparative Politics. Rationality, Culture, and Structure.* Cambridge: Cambridge University Press, 220-259.

Stone, Randall W. 2004: The Political Economy of IMF Lending in Africa, in: *American Political Science Review* 98, 4, 577-591.

Stykow, Petra 2007: *Vergleich politischer Systeme.* Paderborn: Wilhelm Fink (UTB).

Tarrow, Sidney 1983: *Struggling to Reform.* Ithaca, NY: Western Societies Program Occasional Paper No. 15, Cornell University.

Tsebelis, George 1995: Decision Making in Political Systems: Veto Players in Presidentialism, Parliamentarism, Multicameralism, and Multipartyism, in: *British Journal of Political Science* 25, 3, 289-325.

Tsebelis, George 2002: *Veto Players. How Political Institutions Work.* Princeton, NJ: Princeton University Press.

Vanden, Harry E./Prevost, Gary 2002: *Politics of Latin America: The Power Game.* New York, NY: Oxford University Press.

Wagschal, Uwe 1999: *Statistik für Politikwissenschaftler.* München: Oldenbourg.

Wagschal, Uwe 2005: *Steuerpolitik und Steuerreformen im internationalen Vergleich. Eine Analyse der Ursachen und Blockaden.* Münster: Lit-Verlag.

Weber, Max 2000: *Die protestantische Ethik und der Geist des Kapitalismus.* 3. Auflage, Weinheim: Beltz Athenäum.

Weingast, Barry R./Wittmann, Donald (Hg.) 2008: *Handbook of Political Economy.* Oxford: Oxford University Press.

Young, Crawford 1994: *The African Colonial State in Comparative Perspective.* New Haven, CT: Yale University Press.

Neu im Programm Politikwissenschaft

Gerhard Bäcker / Gerhard Naegele / Reinhard Bispinck / Klaus Hofemann / Jennifer Neubauer
Sozialpolitik und soziale Lage in Deutschland
Band 1: Grundlagen, Arbeit, Einkommen und Finanzierung
5., durchges. Aufl. 2010. 622 S. Geb.
EUR 34,95
ISBN 978-3-531-17477-8

Band 2: Gesundheit, Familie, Alter und Soziale Dienste
5., durchges. Aufl. 2010. 616 S. Geb.
EUR 34,95
ISBN 978-3-531-17478-5

Das zweibändige Hand- und Lehrbuch bietet einen breiten empirischen Überblick über die Arbeits- und Lebensverhältnisse in Deutschland und die zentralen sozialen Problemlagen. Im Mittelpunkt der Darstellung stehen Arbeitsmarkt, Arbeitslosigkeit und Arbeitsbedingungen, Einkommensverteilung und Armut, Krankheit und Pflegebedürftigkeit sowie die Lebenslagen von Familien und von älteren Menschen.
Das Buch gibt nicht nur den aktuellen Stand der Gesetzeslage wieder, sondern greift auch in die gegenwärtige theoretische und politische Diskussion um die Zukunft des Sozialstaates in Deutschland ein. Es wendet sich an Studierende und Lehrende an Hochschulen, Schulen, Bildungseinrichtungen sowie an Experten in Verwaltungen, Verbänden und Gewerkschaften.

Erhältlich im Buchhandel oder beim Verlag.
Änderungen vorbehalten. Stand: Juli 2010.

Schmidt, Manfred G.
Demokratietheorien
Eine Einführung
5. Aufl. 2010. 571 S. Br. EUR 19,95
ISBN 978-3-531-17310-8

Dieses Buch führt in klassische und moderne Demokratietheorien ein. Es schlägt einen Bogen von der Staatsformenlehre des Aristoteles bis zu den Demokratietheorien der Gegenwart und erörtert dabei auch den neuesten Stand der international vergleichenden Demokratieforschung. Der Band stellt zudem die wichtigsten Demokratietypen und die leistungsfähigsten Demokratiemessungen vor. Ferner erkundet er die Funktionsvoraussetzungen der Demokratie, klärt die Bedingungen für erfolgreiche und erfolglose Demokratisierungsvorgänge und geht der Frage nach, ob die Europäische Union an einem strukturellen Demokratiedefizit laboriert. Überdies handelt das Werk sowohl von den Stärken der Demokratie wie auch von ihren Schwächen. Außerdem prüft es die Leistungskraft der Demokratie im Vergleich mit Nichtdemokratien. Auf diesen Grundlagen wird abschließend die Zukunft der Demokratie prognostiziert. Das vorliegende Werk ist die fünfte – mittlerweile mehrfach erweiterte – Auflage des erstmals 1995 erschienenen Buches.

www.vs-verlag.de

VS VERLAG

Abraham-Lincoln-Straße 46
65189 Wiesbaden
Tel. 0611.7878-722
Fax 0611.7878-400

Neu im Programm Politikwissenschaft

Carlo Masala / Frank Sauer / Andreas Wilhelm (Hrsg.)

Handbuch der Internationalen Politik

Unter Mitarbeit von Konstantinos Tsetsos
2010. ca. 510 S. Br. EUR 49,95
ISBN 978-3-531-14352-1

Das Handbuch der Internationalen Politik vermittelt theoretische und methodische Grundlagen der Forschungsdisziplin Internationale Beziehungen. Die Einzelbeiträge geben einen Überblick über Akteure, Strukturen und Prozesse sowie Handlungsfelder der internationalen Politik und dienen darüber hinaus der Vermittlung von aktuellen Erkenntnissen der Forschung. Der Sammelband richtet sich sowohl an Studierende und Wissenschaftler als auch die interessierte Öffentlichkeit.

Thomas Meyer

Was ist Politik?

3., akt. u. erg. Aufl. 2010. 274 S. Br.
EUR 19,95
ISBN 978-3-531-16467-0

Das Buch bietet allen politisch Interessierten und all denen, die genauer verstehen möchten, wie Politik funktioniert, eine fundierte und leicht verständliche Einführung. Es hat zwei besondere Schwerpunkte: die neuen politischen Fragen (Identitätspolitik, Zivilgesellschaft, Biopolitik und Globalisierung) und die neuesten Entwicklungen der Mediendemokratie.

Gerhard Naegele (Hrsg.)

Soziale Lebenslaufpolitik

Unter Mitarbeit von Britta Bertermann
2010. 775 S. (Sozialpolitik und Sozialstaat)
Br. EUR 69,95
ISBN 978-3-531-16410-6

Die demographische Entwicklung in Deutschland hat uns bewusst gemacht, dass sich Gesellschaft, Politik und Wirtschaft auf die Einbindung von älteren Menschen in die Arbeitswelt einstellen müssen. Damit gewinnt aus durchaus praktischen Gründen die wissenschaftliche Erforschung des sozialen Lebenslaufs und seine politische Gestaltung insgesamt eine zentrale Bedeutung: Die schnelle und fundamentale Änderung von modernen Lebensverläufen erfordert eine bewusste Politik in zahlreichen Bereichen. Dieser Band bietet einerseits die wissenschaftlichen Grundlagen der Lebenslaufforschung, andererseits untersucht er die Politikbereiche, in denen Lebenslaufpolitik verstärkt betrieben werden muss.

Erhältlich im Buchhandel oder beim Verlag.
Änderungen vorbehalten. Stand: Juli 2010.

www.vs-verlag.de

VS VERLAG

Abraham-Lincoln-Straße 46
65189 Wiesbaden
Tel. 0611.7878-722
Fax 0611.7878-400

MIX
Papier aus verantwortungsvollen Quellen
Paper from responsible sources
FSC® C105338

If you have any concerns about our products,
you can contact us on
ProductSafety@springernature.com

In case Publisher is established outside the EU,
the EU authorized representative is:
**Springer Nature Customer Service Center GmbH
Europaplatz 3, 69115 Heidelberg, Germany**

Printed by Libri Plureos GmbH
in Hamburg, Germany